Dale Carnegie

————— 戴爾·卡耐基 —————

戴爾·卡耐基
Dale Carnegie

王媛媛　包芬芬／譯

人性的優點
How to stop worrying and start living

非凡出版

目錄

序　此書的寫作經過與緣起

　　35年以前，我是紐約最不快樂的年輕人之一。那時候我靠推銷卡車維生，但我對卡車的運作原理一竅不通。這還不打緊，最大問題是我一點都不想去了解。我鄙視自己的工作，鄙視自己住在西五十六街那間只有廉價家具而且蟑螂為患的房間。至今我還記得我在牆上掛着幾條領帶，有一天早上，我伸手去拿一條領帶時，把蟑螂嚇得四散逃竄。我也厭惡在那種骯髒便宜，大概也滿是蟑螂的餐廳裏吃飯。

　　每天晚上，我都帶着頭痛回到冷清的房間，這頭痛完全是因為失望、憂慮、苦悶和不甘心而引起的。我之所以不甘心，是因為大學時代的美夢，竟成為了噩夢。難道這就是人生？這就是我先前熱切盼望會生氣勃勃的闖蕩？這就是我所有的人生意義嗎——做我看不起的工作、與蟑螂為伍、吃惡劣的伙食——而對未來又不抱希望？我渴望有閱讀的閒暇，寫一些我在大學時代就想寫的書。

　　我知道放棄這份我深惡痛絕的工作，我只會有得無失。我在意的並非要賺許多錢，而是想人生過得充實有意義。簡言之，

我已到了破釜沉舟的時刻，也就是大部分年輕人初涉人世所面臨的抉擇時刻。於是我做了個決定，這個決定徹底改變了我的未來，使得我過去 35 年過得非常快樂，而且獲益良多，完全出乎意料。

我的決定是這樣：辭掉我所厭惡的工作，而既然我在密蘇里州華倫堡州立師範學院讀過 4 年書，受過教學訓練，不如就到夜校教成人班維生。這樣的話，白天我就可以看書、備課、寫小說和短篇故事。我要「為寫作而生，為生而寫作」。

我在夜校成人班應教甚麼科目呢？我回顧和衡量自己在師範學院所受的訓練，發現對我的工作及生活最有實用價值的，是在公眾演說方面的訓練和經驗，其他我在校時所學過的東西全部加起來，都比不上它來得重要。為甚麼？因為它消除我怯懦和缺乏自信的毛病，賦予我勇氣和信心去與人打交道，並令我清楚明白，佔據領導地位的人，往往是那些敢於站起來說出心中所想的人。

於是我同時向哥倫比亞大學和紐約大學申請教職，希望在夜校教授公眾演說課程，不過，這兩所大學都認為，沒有我的協助它們還是能夠辦得好好的。

當時我很失望，但現在我卻為此感謝上帝，由於被這兩所大學摒諸門外，我就跑到基督教青年會夜校任教，而在青年會夜校，我必須拿出具體成果，並且要很快讓校方看到。那可真是個大挑戰！這些到我班上來的成年人，並不是來拿學分或者獲得社會地位，他們來上課只為一個原因，就是要解決他們的

問題。他們希望開會時能夠站起來說幾句話，而不會因恐懼而暈倒。推銷員希望有勇氣直接去拜訪難纏的顧客，而不必事先在街上來回走幾趟壯膽。他們希望培養泰然自若的態度和自信心，希望事業有所進展，希望為家裏多賺點錢。由於他們是以分期付款方式繳交學費，如果得不到成果，就不會再繳學費，我所領的也不是薪水，而是按淨利潤分成。所以，如果我想掙一口飯吃，就非實事求是不可。

當時我覺得自己是在很不利的情況下授課，現在才明白那是寶貴的訓練。我必須激發學生的學習動機，幫助他們解決問題，令每一堂課都對他們都有所啟發，這樣學生才會繼續來上課。

那真是刺激的工作，我喜歡得不得了。看到這些生意人這麼快就培養出自信心，許多人很快獲得晉升和加薪，我實在驚訝不已。這些課程的成功，遠超我最樂觀的估計。青年會原本連每晚付給我 5 美元薪金都不願意，但不到 3 季，它根據百分比分成，每晚要向我支付 30 美元。剛開始時我只教公眾演說，但幾年下來，我看出這些成年人也需要贏取友誼與影響別人的能力。由於找不到關於人際關係的合適教科書，我決定自己寫一本。寫這本書——應該說，這本書不是以一般方式寫出來，而是從我班上成年學生的經驗發展和演化而成。這本書我取名為《人性的弱點》(How to Win Friends and Influence People)。

我寫那本書，原本只是作為我所教的成人班的教材，而

我之前所寫的另外 4 本書，全都無人聽過，因此，這本書竟然大為暢銷，我實在始料不及，我大概是現今世上最喜出望外的作者。

再過了幾年，我發現這些成年人有另一個大問題，那就是憂慮。我的學生大多是商界人士——行政人員、推銷員、工程師、會計師，包括各行各業——而他們大多數都有問題！班上也有女士，有的是職業婦女，有的是家庭主婦，她們免不了也有自己的問題！很明顯，我又需要一本教人如何克服憂慮的教科書，所以我又試着去找一本。我跑到位於第五大道和四十二街交界的紐約公共圖書館去，出乎意料的是，在這間大型圖書館裏，以「憂慮」(WORRY) 為題的書只有 22 本，而以「蠕蟲」(WORMS) 為題的書卻有 189 本。關於蠕蟲的書，數目幾乎是關於憂慮的書的 9 倍！夠不可思議了吧？既然憂慮是人類面臨的重大問題之一，你一定以為每所高中和大學都會開一門叫「如何不再憂慮」的課吧？或許有某所大學開過這麼一門課，但我從來沒聽過？難怪《如何憂慮得法》(*How to Worry Successfully*) 一書作者西伯利 (David Seabury) 會在書中說：「我們邁入成年，對於如何處理將要承受的壓力，卻毫無準備，情況就像書呆子突然被叫去跳芭蕾舞一樣。」

結果呢？醫院有一半以上的病床，都被那些因精神緊張及情緒困擾而住院的人佔據。

我把紐約公共圖書館書架上那 22 本有關憂慮的書都看遍了，還把坊間所能找到關於憂慮的書都買下來，可是沒有一本

適合給我的成人班作教材。於是我又決定自己動手寫一本。

其實我在 7 年前已開始準備寫這本書了。怎麼寫？我閱讀古今中外哲學家對憂慮的看法，也看了好幾百本傳記，古至孔子，近到邱吉爾。我還訪問了各行各業許多傑出人物，例如拳王鄧普西 (Jack Dempsey)、布雷德利 (Omar Bradley) 將軍、克拉克 (Mark Clark) 將軍、亨利・福特 (Henry Ford)、羅斯福總統夫人 (Eleanor Roosevelt)，以及著名專欄作家多蘿西・迪克斯 (Dorothy Dix)。不過，那只是開端而已。

我還做了一些比採訪和閱讀更重要的事情。我在一個克服憂慮的實驗室中工作了 5 年——所謂實驗，就是我的成人班。就我所知，這是世界上首個和唯一這樣的實驗室。我們實驗的方法是這樣，我們向學生傳授一套關於如何克服憂慮的原則，叫他們在生活中實踐，然後向全班報告結果。另一些人則報告他們過去曾經運用的技巧。

由於有這種經驗，我認為，若論世上哪個人聽過最多以「我如何克服憂慮」為題的演講，古往今來沒有人及得上我。此外，我還讀過好幾百份其他人談「我如何克服憂慮」的演講——這些演講是用信件寄來給我的——這些演講曾在我們於全美國和加拿大 170 多個城市所開的課堂中獲獎。因此，這本書絕非象牙塔的產物，也不是探討或許能克服憂慮的方法的學院派論述。反之，我所寫的是一份節奏緊湊、簡潔明瞭，而且確鑿有據的關於成千上萬成年人如何克服憂慮的報告。有一點是肯定的：這是本講求實用的書，你大可潛心研讀。

我欣然告訴各位，在本書所說的故事之中，你不會找到虛構的「甲先生」或含糊籠統的「張三李四」，沒有人弄得清楚究竟是誰。除了很少幾個例子，本書都道出了真名實姓和地址。書中都是真人真事、有據可查，保證真確可靠。

法國哲學家瓦萊理 (Paul Valéry) 說過：「科學就是眾多成功秘訣的總匯。」這本書就是如此，書中匯集了眾多成功和經得起時間考驗的秘訣，這些秘訣有助我們消除生活中的煩憂。不過，我得先警告你：你在書中不會找到甚麼新事物，倒是會發現一些不常為人所用的方法。事實上，就這方面而言，你我都不須再學甚麼新觀念。對於如何能過美滿的人生，我們所知已經夠多。我們都讀過做人處世的金科玉律和耶穌的登山寶訓，我們的問題並非無知，而是知而不行。本書的目的是把諸多古老而基本的真理重提，加以闡明、簡化、改良和頌揚，藉以鞭策你，促使你採取行動，實際應用這些真理。

你拿起這本書看，當然不是為了知道它怎麼寫成。你是想知道怎樣行動。好吧，我們現在就開始。請你先讀書中頭 63 頁，看完之後，要是你不覺得自己獲得了新力量或新啟示，幫助你不再憂慮，並且享受人生，那就把書扔到垃圾桶好了，因為它對你毫無益處。

　　　　　　　　　　　　　　　戴爾・卡耐基

憂慮的真相

生活在獨立的隔艙裏

昨天已逝，明日未知，珍惜今天，把握當下，才是最重要的。

1871 年的春天，一個年輕人捧起一本書，看到了一句將對他的命運產生重大影響的話。他是蒙特瑞總醫院的醫科學生，正在為怎樣通過期末考試、畢業後該做些甚麼事情、到哪兒去、如何謀生等問題而憂慮不已。

這位年輕的醫科學生在 1871 年看到的一句話，最終使他成為了他所處的時代最了不起的醫學家。他創建了聞名世界的霍普金斯醫學院，成為牛津大學醫學院的欽定講座教授——這是在英國醫學界所能得到的最高榮譽，他甚至被英女王冊封為爵士。他死後，需要厚達 1466 頁的傳記作品，才能記述其輝煌的人生經歷。

他就是威廉·奧薩爵士。

下面，就是他在 1871 年春天所看到的那句話，一句由歷史學家湯瑪士·卡萊里寫的話，使他度過了愉快的一生：做手邊清楚的事情，不要看遠處模糊的風景。

42 年後，在一個鬱金香開滿校園的夜晚，威廉·奧薩爵士

在耶魯大學發表了演說。他對學生們直言相告,像他這樣一個曾經在 4 所大學任教的知名教授、暢銷書作家,大家一定會認為他有「過人的天賦」,但事實並不是這樣。他說,他的朋友都知道,他其實是一個普通的人。

那麼,他取得成功的秘訣何在呢?他說這是因為他能夠生活在一個「獨立的隔艙裏」。這到底是甚麼意思呢?

在去耶魯演講前的幾個月,奧薩爵士乘一艘輪船橫渡大西洋,他發現船長站在駕駛室裏,按下一個按鈕,同時下令全速行駛,接着就聽見一陣機械轟隆作響的聲音,船上的幾個艙門立即關閉,成為了幾個完全獨立的隔艙。

每一個人都要比那艘大海輪更神奇,而且要走更遠的航程。我想忠告大家的是,要學會控制自己人生的航程,以便讓它處於一個「完全獨立的隔艙」裏,這樣才能確保航行的安全。到艙房裏去,你至少應該檢查一下那些艙門是否可以使用。按下按鈕,然後仔細聽一聽你生活的每一個時段,關上鐵門,隔斷已經死去的昨天;再按下另一個按鈕,關上鐵門,隔斷未知的明天。這樣你就平安無事了。將過去隔在艙門之外,讓逝去的昨天自動埋葬,讓那些傻子為昨天的事物哭泣吧。昨天的重負加上明天的重負,已經成為今天最大的障礙,它會把最強壯的人壓垮。要像隔斷過去一樣隔斷未來,未來就在今天,因為明天是不存在的。放棄了今天,為假想的未來浪費心血、精神苦悶、內心憂慮,都只是在折磨自己。養成習慣,把艙門都關上,生活在一個「完全獨立的隔艙裏」。

奧薩爵士是不是說我們不應該為明天做準備呢？不。他在講演中強調，**為明天做最好打算的方法，就是對今天的工作投入全部的心智和熱情，這是你贏得未來唯一有效的方法。**

奧薩爵士忠告耶魯學子，要以耶穌的禱詞來開始每天的人生：「我們今天需要的糧食，請今天賜給我們。」

請牢記這句禱詞，它只是在祈求今日之糧，但並沒有抱怨我們昨天吃的陳糧，也沒說：「主啊！近來麥地裏乾旱嚴重，乾旱還會持續下去，明年秋天我們拿甚麼去做麵包呢？或許我會失業，主啊，那時我上哪兒去吃麵包呢？」

是的，這句禱詞只教導我們去祈求「今天的麵包」，因為「今天的麵包」才是我們可以吃到口的唯一食物。

從前，一位身無分文的哲人在窮鄉僻壤間漫遊。一天，他與一群人聚集在一個小山坡上，對眾人說出了一句後人在各種時間與場合都引用得最為頻繁的箴言。這句箴言流傳至今：「不要為明天憂慮，因為明天自有明天的憂慮；一天的難處一天擔當就夠了。」

許多人都不信耶穌的這句箴言——「不要為明天憂慮」。他們聽不進這句完美的忠告，認為耶穌說的太不現實。他們說：「我必須為明天早作打算，我必須給家人投保，我必須為養老存上一筆錢，我必須周密計劃才能取得成功。」

沒錯！我們當然要未雨綢繆。耶穌的這句箴言是三百年前的譯文，它在今天的意思當然與英國詹姆士王朝時的理解大不

相同，現代人對這句箴言的解釋是：別為明天而焦慮不安。

沒錯，無論如何你也需要為明天打算，深思熟慮、做好安排，但不要憂慮不安。

第二次世界大戰期間，盟軍軍事領導人都在為明天制定計劃，但卻沒有時間為明天憂慮。美國海軍上將阿爾斯特‧金說：「我把最精良的裝備供應給最優秀的士兵，然後把精心策劃的任務交給他們。我已做了我該做的一切。如果一條船被擊沉了，我無能為力。如果船正在往下沉，我沒有辦法阻止它，我得把時間用在處理明天急切的問題上，這比為昨天的事情煩惱不已有效多了。否則，我會因為憂慮而早逝。」

無論是在戰爭年代還是和平時期，心態好壞的差別在於以積極的心態去考慮前因後果，從而讓人能夠做出合乎邏輯的正確決策；而消極的心態會因找不到前因與後果而陷入混亂，從而導致精神緊張和崩潰。

我曾榮幸地採訪了亞瑟‧索爾伯格，他是世界上最有影響力的報紙——《紐約時報》的發行人。索爾伯格先生告訴我，在二戰期間，當戰火蔓延到整個歐洲時，他非常恐懼，這使他根本無法入眠。他經常在半夜醒來，準備好畫布和顏料，對着鏡子畫自畫像。雖然他從沒有接觸過繪畫，但是他還是信筆塗鴉，借此讓自己憂慮的心情平靜下來。索爾伯格先生告訴我，他的憂慮最終被一段讚美詩打消。從此，他把此詩作為自己的座右銘。原詩如下：

只注視眼前的燈光。

引導我的、仁愛的燈光，

讓你常伴在我的身旁。

我無須仰望遠方模糊的風景，

只需看清距我一步之遙的燈光。

1945 年 4 月，泰德·班哲明諾因憂慮過度而患上了結腸痙攣，這種病讓人非常痛苦，如果戰爭不及時結束，他完全有可能垮掉。班哲明諾回憶道：

那時我疲勞到了極點。當時我在第 94 步兵師，從事戰爭中死傷者和失蹤者的登記工作，包括記錄在激戰中因陣亡而被匆忙掩埋的士兵。我負責收集這些官兵的遺物，然後要準確地把這些遺物送到他們的家人或親友手中。然而，我總在擔心我的工作是否出現了失誤，我不知道自己還能撐多久，擔心自己還能不能活着回去把我從未謀面的兒子抱在懷裏，他已經出生 16 個月了。我心力交瘁，整整瘦了 15 公斤，只剩下皮包骨了。

想到自己可能客死異鄉，我害怕到了極點，渾身發抖地哭得像個孩子。在德軍進行最後一次大反攻的那段時間，每當我獨自一人時，我常常淚流滿面，我對自己能否成為一個正常人已經不抱希望了。

最終我被送進了醫院，是一名軍醫的忠告徹底改變了我的一生。他為我做完全身檢查之後，認為我的病因是神經過度緊張。他對我說：「泰德，我希望你將人生看成一個沙漏。你

看，沙漏裏裝有數不清的沙子，但它們只能一粒一粒地從中間那條細縫間慢慢流過。我們都想不出辦法在不弄破沙漏的情況下，讓兩粒以上的沙子同時通過那條窄縫。生活中的每一個人都像這個沙漏。每天從清晨開始，就會有成百上千件工作等着我們去做，並且要在這一天內完成。但如果我們不是一件一件地去做，讓它們如沙粒通過沙漏窄縫一樣依次通過，就會傷害到自己的身心。」

我將軍醫這段話銘記在心，此後我一直實踐着這種人生哲學：一次只通過一粒沙子，一次只能做好一件事情。戰爭期間的特殊經歷拯救了我，指導着我現在在印刷公司公關廣告部中的工作，從中我受益匪淺。我發現在業務上也像在戰場上一樣，有很多事情等着你去辦，你卻沒有充足的時間，例如原材料不夠，新的報表需要處理，還有安排訂貨、變更地址、分公司開業或關閉等工作要處理。我不會再憂慮不已，「一次只通過一粒沙子，一次只能做好一件事情。」我不由自主地重複着軍醫告訴我的這句話，更因而提高了工作效率，再也沒有經歷過像戰場上那種前所未有的憂慮情緒。在生活中，我已推開了一扇令內心平靜的大門。

目前，令當代人最為尷尬的事情是：在我們的醫院，有半數以上的床位是留給那些精神上出現問題的人，他們都是被昨天的重負加上明天的重負壓垮的病人。在這些病人中，絕大多數並不需要住院，只要他們能夠信奉耶穌的箴言——「不要為明天憂慮」，或者遵循威廉·奧薩爵士的話——「生活在一個完

全獨立的隔艙裏」，就可以過上輕鬆而快樂的生活。

我們現在正站在兩個永恆的交叉點上——已經永遠消失的漫無邊際的過去，以及無限延伸到永無休止的未來。我們無法在這兩個永恆中存在，連一分鐘都不可能。否則，我們的身心就會遭到昨天與未來雙重負擔的摧殘。因此，我們要珍惜活着的此刻，做好今天的事情，從現在開始到夜晚來臨。「無論承受多大的壓力，誰都能堅持到夜晚來臨。」羅勃特‧史蒂文森寫道：「無論工作有多累，每個人都能夠盡力完成。如果從日出到日落，大家都能夠開心、快樂、真誠、無憂地活着，這就是生活的真諦。」

這正是人生的真諦之一。密西根州的希爾太太在沒有懂得這個道理之前，曾陷入絕望的泥潭，甚至想過自殺。希爾太太向我講述了她的過去：

1937 年，我的丈夫去世了，當時我幾乎身無分文，情緒非常低落。我只好給以前的經理萊奧‧羅奇先生寫信，他答應讓我回去做我以前的工作。兩年前我把汽車賣了，現在好不容易湊了些錢，用分期付款的方式購買了一輛舊車，又開始幹起了給學校推銷《世界百科全書》的工作。

本以為回到工作崗位能夠幫助我擺脫憂慮。但要一個人獨自駕車、吃飯，這讓我感到艱難無比，工作上幹不出甚麼成績不在話下，就連小額分期付款買車的錢也難以支付。

1938 年春天，我到密蘇里州的維沙里市去做推銷。那裏

的學校缺少經費，道路又年久失修，一種難以抗拒的孤獨感籠罩着我。想到成功是不可能的，活着也看不到希望，這讓我失去了生活的勇氣，甚至想到了自殺。每天清晨，我都擔心起床後所要面對的生活，一切都讓我感到憂慮：我擔心自己付不起車錢，擔心自己付不起房租，擔心自己沒錢吃飯，擔心自己生病了沒有錢看醫生。總之，我甚麼都擔心。至於唯一支持我不自殺的理由是怕姐姐會因失去我而痛苦萬分，更何況她支付不起我的喪葬費。

突然有一天，我讀到一篇把我從無望之中解脫出來的文章，它給了我繼續生活下去的勇氣。我永遠也無法忘記那句令我心生感激和振作的話：「對一個明白生活的人來說，每一天都是嶄新的。」我將這句話打印下來，貼在車的前面，開車時也能看到它。我發現每次只活一天並不是難事，我學會了遺忘過去，也不想明天的事情，每天清晨我都會對自己說：「今天又是一個嶄新的人生。」

我徹底克服了對孤獨的恐懼和對貧窮的憂慮。今天，我生活得很愉快，在事業也取得了成功，對人生充滿愛心和熱忱。無論在生活中發生怎樣的變化，我都不會再憂慮了。我明白每一個人都不必為未來擔憂，只要好好地面對近在眼前的今天，一切都會海闊天空。因為，「對一個明白生活的人來說，每一天都是嶄新的」。

猜猜是誰寫了下面這首詩？

那些能夠善待今天的人，

是懂得歡樂的人，知道如何享受生活。

他們會把今天經營好，會對人們說：

「無論將來發生怎樣的災禍，

我都會把它過好。」

這首詩看上去是不是很現代？其實，它誕生於公元前，作者是古羅馬詩人賀拉斯。

人類最悲哀的天性就是忽視今天，去期待模糊不清的未來。 我們期待遠在天邊的玫瑰花園，而無暇觀賞今天在窗前怒放的薔薇。我們為何非要做如此可悲的傻瓜呢？

史蒂芬・李高克寫道：「我們的人生是多麼難以置信啊！童年時說：『等我長成少年以後⋯⋯』結果如何呢？少年時說：『等我成人以後⋯⋯』終於成人後，又說：『等我結婚吧⋯⋯』結婚了，情況又怎樣呢？又想『退休以後⋯⋯』終於退休了，回首走過的歲月，不禁有了一陣寒意。大好年華已經虛度，一切無法挽回。人生，就是要生活在每一天、每一小時裏，生活在正在發生的每時每刻裏，你要用心對待它。可是往往等我們意識到時，已經晚了。」

底特律城已故的愛德華・依文斯在學會這個道理之前，差點因為憂慮而丟掉了性命。愛德華・依文斯出生在一個貧窮的家庭，很小的時候就當了報童，長大後在雜貨店謀了份差事。為了讓全家七口人生活下去，他找到一份在圖書館當管理員的

工作，雖然薪水微薄，卻依然不敢跳槽。

幹了 8 年後，他才鼓起勇氣開創自己的事業。他向親友借來 55 美元作為啟動資金，使事業發展起來，年收入達到 2 萬美元。然而，接踵而至的厄運降臨到他身上。他為朋友做擔保，但朋友破產了。這次災禍過去不久，又一場大災禍降臨了，他存入全部資金的那家大銀行破產了。此時，他不僅身無分文，還欠債 1.6 萬美元。他的身心承受不了生活的巨變，他說：

那時我既吃不下飯，也無法入眠，更得了一場怪病，整天沒精打采。有一天我走在街上，突然昏倒在路旁，後來就再也不能走路了。我的身體非常虛弱，躺在床上的時候，連翻身都感到困難。最後醫生對我說，我只剩下半個月時光了。我目瞪口呆，就寫好一份遺囑，然後躺在床上等死。突然，我的心境發生了轉變，不再掙扎、不再憂慮，當我放棄一切時，身心也放鬆了下來。過去我每天都難以睡上兩個小時，可現在，我拋開了世間的所有不快，更能熟睡得像嬰兒般香甜。隨着令人窒息的憂慮逐漸消失，我吃飯時有了胃口，體重也在逐漸增加。

幾週後，我竟能撐着拐杖走動了。又過了 6 週，我已經可以工作了。以前我的年收入是 2 萬美元，但現在，能找到週薪 30 美元的工作我就心滿意足了。我找到了一份工作，負責銷售船運汽車時放在車胎下面的墊板。從前的生活教訓我不要再憂慮，不要再追悔往事，也不要再擔心未來。於是我投入全部的時間、精力和熱情去推銷墊板。

愛德華‧依文斯的事業很快發展起來，幾年後，他已成為依文斯公司的董事長。依文斯公司的股票，多年來一直在紐約股票交易所上市。如今，你要是有機會搭乘飛機到格陵蘭去，就有可能降落在為紀念他而命名的依文斯機場。假如愛德華‧依文斯沒有學會「生活在完全獨立的隔艙裏」，絕對不可能取得如此大的成就。

有這樣一句話：「人們的習性是明天能夠吃果醬，昨天能夠吃果醬，但卻不給今天的麵包塗上果醬。」我們大部分人都是如此，總在為昨天和明天的麵包塗果醬，**卻不知道為今天的麵包塗上一層厚厚的果醬。**

偉大的法國文學家蒙田也犯過這樣的錯誤。他説：「在我的一生中所擔心的不幸，大部分都不可能發生。我的人生如此，你的人生也難以例外。」

但丁説：「今天一去不再復返。」逝者如斯夫，生命轉瞬就流逝了，只有「今天」才是我們最應該珍視的財富。**「今天」真正的價值，在於我們能夠去把握它。**

這也是絡維‧湯姆士的座右銘。最近我在他家度週末，看見他將《聖經》中的一首讚美詩裝裱起來，掛在書房牆上，以便隨時都能看到：

> 這是耶和華創造的今天，
> 我們要歡快地分享它。

約翰·羅斯金在他的書桌上放着一塊石頭，上面刻着「今天」兩個字。我的書房裏沒放石頭，但在我每天清晨刮鬍子的地方卻貼着一首詩——《致黎明》，這也是威廉·奧薩爵士壓放在書桌上的詩，它的作者是印度著名戲劇家卡里達撒。

迎候今天吧！
今天就是人生，就是一切。
它轉瞬即逝，
卻包含着生存的全部成果：
成長的快樂，
奮鬥的榮譽，
美景只在今天呈現。
昨日如夢，
明天不過是一個幻景。
用心地活在今天，
昨天的每一個美夢，
都在今日實現；
而明天的虛幻，
才會成為真實的希望。
因此，珍惜今天，
這就是我們對黎明最好的問候。

因此，如果你希望自己的生活不被憂慮打擾，就按威廉·奧薩爵士説的那樣去做，關閉過去和未來的鐵門，生活在今天

「獨立的隔艙裏」。然後，請你向自己提問，並記錄下答案：

1、 我是否在為未來的生活憂心忡忡？或者在追求遠方的玫瑰園？

2、 我是否會時常追悔往事，把昨天的重擔放在今天？

3、 清晨起床時，我是否下定決心「把握住今天」？

4、 活在今天「獨立的隔艙裏」，是否能讓我的生活更加豐富多彩？

5、 我何時執行這個忠告？是明天？下星期？還是今天？

卡耐基心得 Dale Carnegie's Tip

關閉過去和未來的鐵門，
生活在今天「獨立的隔艙裏」。

消除憂慮的萬靈公式

先想想可能發生的最糟糕結果會是甚麼，
如果必須面對它，就接受它，這樣就能使自己放鬆下來，
以平靜的心態去設法改善最壞的結果。

在閱讀本書時，你是否想從中覓得消除憂慮的有效辦法，以取得立竿見影的效果？那麼，讓我向你介紹威利斯‧卡瑞爾所發現的方法。卡瑞爾先生是開發空調產品的傑出工程師，他在紐約州塞瑞庫斯市創辦了著名的卡瑞爾公司。他所用的方法，在我看來，是解決憂慮最有效的方法之一。

我和卡瑞爾先生共進午餐時，他對我說：

年輕時，我在紐約州布法羅市的布法羅鋼鐵公司工作。有一次，我被公司派往密蘇里州水晶城的玻璃公司安裝一套瓦斯清潔機。

這種清潔瓦斯的新方法，我只嘗試過一次，並且和當時的條件大不相同，因此我在密蘇里州水晶城進行調試時，出現了意想不到的困難。經過一番努力後，設備雖然能夠使用，但遠遠達不到我們先前所保證的質量要求。

　　那次，我被失敗弄得非常沮喪，像被人在頭上狠狠地打了一拳。我的腸胃開始疼痛起來，那段時間我幾乎無法入睡。最後，我終於清醒了，意識到憂慮並不能讓問題迎刃而解。我尋找到了不需要憂慮就能解決問題的方法，且效果非常明顯。這個抗拒憂慮的方法，我已經使用了 30 多年。這個方法十分簡單，分 3 個步驟進行：

　　第一步，坦然地了解事情的全部情況，假設當它出現最壞的結果會怎樣。我想我不會被關進監獄或被判死刑吧，這一點不會有任何問題。是的，我很有可能會失去這份工作，或者公司因撤回這套機器而導致 2 萬美元的損失。

　　第二步，找到可能出現的最壞結果之後，在必要的時候，勇於接受它。我對自己說，這次挫折會在我的檔案上留下污點，也許會讓我失去工作。如果真是這樣，我還是能夠另找一份工作，也許薪水會低不少。對我的老闆而言，假如他們認為，現在我們是在開發一種清潔瓦斯的新方法，而這次實驗用去 2 萬美元，或許他能夠承受，就當做實驗經費。我嘗試估計可能出現的最壞結果，並勇於接受它之後，我馬上放鬆了下來，感受到這些天來從未有過的平靜。

　　第三步，鎮靜地把時間和精力集中起來，着力改變那個最壞的結果。我努力設計方案，以減少我們即將面臨的損失。經過我反覆的試驗後發現，要是我們再投資 5000 美元添加一些設備，問題就能夠迎刃而解。照這個方案實行，公司起碼可以賺 1.5 萬美元。

　　假如那時我一直處於憂慮之中，肯定無法解決這個問

題。憂慮的最大危害就是摧毀聚精會神的心智。一旦憂慮，思緒就會雜亂無章，從而失去判斷力。但是，一旦我們能夠勇於面對最壞的結果並打從心底接受它，就能分析出可能出現的所有情況，而且反而能夠專注地解決問題。

這件事已經過去了很多年，因為這個方法十分有效，所以我便一直使用它。後來，我的生活中甚至不再有憂慮的出現了。

那麼，威利斯·卡瑞爾萬靈公式的巨大價值究竟何在？從心理學上說，是因為它把擋在我們心頭的迷霧驅走了，讓我們從憂慮之中解脫出來，認清自己所處的位置。它讓我們變得理性，從而能集中精力解決問題。如果我們喪失了理性，怎麼可能找到解決問題的方法呢？

應用心理學之父威廉·詹姆士於 1910 年逝世，假如他能夠活到現在，聽到這個應對最壞結果的公式，也會深表贊同。我為甚麼如此猜測呢？因為他曾對他的學生說：「你要樂於接受那些可能的結果。因為，接受已經存在的情況，是戰勝一切接踵而至的不幸的第一個步驟。」

林語堂在他那本影響力極大的《生活的藝術》裏也提出了這個觀點。他說：「內心平靜，能接受最壞的結果，從心理學上來講，就能讓人挖掘出潛能。」

的確如此，它能釋放人的潛能。**當我們能夠接受最壞的結果時，就不必再擔心失去甚麼了，失去的也可以挽救回來。**卡

瑞爾認為：「當精神上能夠面對最糟糕的結果之後，人馬上就感到放鬆，並立即獲得一種前所未有的平靜。這樣，你就能夠專心思考了。」

這不是很符合道理嗎？但在現實生活中，還是有成千上萬的人被憂慮毀了自己。因為這些人往往不願面對最壞的結果，且拒絕盡力挽回。他們不是着力去重建自己的人生，而是在痛苦中徘徊，經受着內心的煎熬，結果成為憂慮的犧牲品。你想看看其他人怎樣運用威利斯・卡瑞爾的萬靈公式，來解決他們自己的問題嗎？請看下面這個例子。

這是我的一位學員——紐約的一位石油商親身所經歷的：

有人敲詐我，真讓人無法相信！這種發生在電影中的事情竟出現在我的生活裏，然而我確實被敲詐了。事情的經過是這樣的：我的石油公司有幾輛運油的汽車和多名司機。那時正處於戰爭時期，物價條例制定得很嚴，我們提供給客戶的油量都有配額。有幾名司機在給客戶運送油時，私自把一些油賣給其他人，而我對此一無所知。

有一天，一個聲稱是政府稽查員的人來找我索賄。他說掌握了我們運貨司機違法的證據，並威脅說如果我不給他錢，他就將有關證據送交地方檢察官。這時，我才知道公司裏有這種非法交易。

不過我倒不擔心，至少這件事情與我本人沒有直接關係。然而，我知道按照法律的規定，公司的老闆應對員工的行

為負責。另外，一旦案子被法院審理，必然會被各家報紙曝光，這些負面影響會毀了我的公司。我一直為我的公司感到榮耀，那是我父親在 24 年前開創的事業。

我為此憂慮得三天三夜不思飲食、無法入睡，一直被這件事情困擾。我應該給他 5,000 美元？還是應該對那個人說，你想怎麼樣就怎麼樣吧？我感到左右為難。

一個星期天的晚上，我隨手拿起一本名為《如何不再憂慮》(How to Stop Worrying) 的書，這是聽卡耐基培訓課時拿到的書。當我讀到威利斯·卡瑞爾先生的故事，講到我們必須「面對最壞的結果」時，我就試着問自己：「如果我拒絕付錢，那個敲詐者將那些違法證據送交法院，最糟糕的結果是甚麼呢？」

答案是：我的生意被毀了。我不會被送進牢裏，最多是我的生意因媒體報道而被毀了。我對自己說：「好吧，生意不能做了，我已經接受了，接下來會發生怎樣的情況呢？」

生意無法做了之後，我得去找另外的工作。情況並不是太糟糕，我對石油行業了解得不少，有幾家石油公司或許願意聘請我，想到這裏，我的心情開始平靜下來，折磨了我三天三夜的憂慮開始消失，我的情緒輕鬆了不少。令人意想不到的是，我又可以清晰地思考了。

現在我清楚地看到了第三步：怎樣面對最不利的情況。在我考慮如何處理時，一個新的策略擺在眼前：如果我把這些情況對我的律師講明，他可能會指出一個我從沒有想到過的解決辦法。

　　我立即決定，第二天清晨去見我的律師，隨後我躺在床上，不知不覺酣然入夢。結果怎樣呢？第二天上午，我的律師建議我直接去找地方檢察官，告訴他全部事實。我按照他的建議做了。當我告知事情的經過之後，令人驚奇的是，地方檢察官說，這種敲詐的案件已經連續出現過幾個月，聲稱是「政府官員」的那個人，事實上是一個被警方通緝的詐騙犯。當我為5,000美元是不是該給那個詐騙犯而受盡三天三夜折磨後，聽到地方檢察官的話，我才長長地鬆了一口氣。

　　這次的經歷給我上了永生難忘的一課。如今，當我再遇到壓力和難以解決的問題時，我就會自覺地運用卡瑞爾的萬靈公式。

　　如果現在你對威利斯·卡瑞爾公式的運用仍然感到疑惑，那就請你聽下面這個故事吧。

　　那是1948年11月17日，艾爾·漢斯在波士頓斯帝拉大酒店親自對我講述的：

　　1929年，我因為時常憂慮而患上了胃潰瘍。一天夜裏，我的胃大出血，被急救車送到芝加哥大學醫學院的附屬醫院搶救。我的體重從175磅迅速下降到90磅。

　　醫生警告我病情已非常嚴重，要我盡量少抬頭。由三個人組成的醫療小組中一位著名的胃潰瘍專家，說我的病情已經到了「無可救藥」的地步了。我只靠每個小時吃粉藥、半匙牛奶和半匙半流質的食物來維持生命，護士每天清晨和傍晚都用

一條橡皮管插入我的胃中，把裏面的殘渣取出來。

這種狀況延續了幾個月，終於我說服了自己，自言自語道：「好好睡吧，艾爾·漢斯，如果除了等死之外你別無選擇，何不趁現在把死之前的時光好好利用呢？你不是期待着此生有機會環遊世界嗎？不然就再也沒有時間實現心願了。」

我把這個想法告訴了醫生，說我得去環遊世界了，我已經學會了一天抽取兩次胃液，他們都不敢相信自己的耳朵，反駁道：「不可能！我們從沒有聽說過這樣的事情。假如你去環遊世界的話，在旅途中你就必定死在船上，然後被海葬。」我回答說：「不，不會的！我已安排親友在我死後將我葬在內布拉斯加州家鄉的公墓裏。因此，我計劃隨身帶着棺材。」

我和輪船公司商定好，將一副棺材裝上了船，如果我在旅途中去世了，就請他們把我的遺體安放在冷凍庫中保存，然後送回我的家鄉安葬。隨後，我踏上了環遊世界的旅程，心裏被日本禪師大道的詩句所充盈：

啊，在我們化為泥土之前，

讓我們歡快地在世間生活吧！

一旦離開世界，在那沉寂的泥土下，

將沒有酒，沒有音樂，沒有歌聲，

只有無邊無際的沉默。

我從洛杉磯上了亞當斯總統號遊輪，在遊輪前往東方的旅途中，我已感到身體好多了，漸漸的，我不需要吃藥，也不用洗胃了。沒過多久，我的胃口變得非常好，可以吃一切食物，連異國特色的食品也照吃不誤。按照醫生的說法，這些一

定會要了我的命，但我卻感覺很好。

又過去了幾個星期，我已經能抽黑雪茄了，還能喝上幾杯酒。幾年來，我從沒有像今天這樣享受過生活。途中，我們在印度洋遇到過季候風，在太平洋遭遇過颱風。遇到這些驚心動魄的事情，如果我仍無法擺脫憂慮，恐怕早已睡進棺材了。然而，我卻在所經歷的冒險中獲得很多快樂。

我在遊輪上玩遊戲、唱歌和交新朋友，有時開心地玩到深夜。到了中國和印度之後，我發現，我所經歷的生活與我在東方看到的落後與貧窮相比，像是一個在天堂，另一個卻在地獄中。我停止了全部的憂慮，心情變得舒暢起來。返回美國時，我的體重增加了整整 90 磅，差不多忘記了我曾患過致命的胃潰瘍。一生中，我從沒有這樣開心過。我開始工作，再也沒有患過病。

艾爾‧漢斯對我說，他後來知道了，自己無意之中運用了威利斯‧卡瑞爾擺脫憂慮的方法。

首先，我自問：可能發生的最糟糕的結果是甚麼？答案：死亡。

第二，我已經打算接受死亡，因為我只得如此、別無選擇，醫生都說我無藥可救了。

第三，我設法改善這種局面。辦法是在所剩無幾的時間裏盡情享受生活的樂趣。如果我在船上還依然憂慮的話，我肯定會被裝進準備好的棺材運回家鄉的公墓了。可是，我讓自己

完全放鬆，將所有的憂慮拋在腦後，這種平靜的心態激發了我
體內的活力，從而挽救了我的生命。

如果遇到了讓你憂慮的事，就應用威利斯·卡瑞爾的萬靈
公式，去做以下 3 件事情：

1、問問自己，可能發生的最糟糕的結果是甚麼？

2、如果必須面對它，就準備接受這個事實。

3、保持內心平靜，設法改善最壞的結果。

卡耐基心得 Dale Carnegie's Tip

當我們能夠接受最壞的結果時，就不必
再擔心失去甚麼了，失去的也可以挽救
回來。

憂慮會危及生命

憂慮極易引發各種疾病，
不懂得如何消除憂慮的人容易早逝。
如果你想擁有一個健康的人生，
就讓你的內心遠離憂慮。

　　數年前的一天夜裏，一位鄰居按響了我的門鈴，催促我們全家去接種預防天花的牛痘。我的這位鄰居是紐約市幾千名按門鈴志願者中的一員。許多人驚慌失措，排着長隊接種牛痘。當時，醫院、消防隊、警察局以及大的工廠裏都設了接種站，兩千多名醫護人員不分晝夜地為大家接種牛痘。之所以會如此熱鬧，是因為紐約市有 8 個人得了天花，其中 2 人死亡。換句話說就是，800 萬紐約市民中有 2 人因為患上天花死了。

　　我在紐約已經住了很多年，在此期間，從沒有誰來按過我的門鈴，勸我當心憂慮症。在過去的 37 年裏，這種病症所造成的損害，比天花還要厲害一萬倍——這是最保守的估計。按門鈴的人告訴我：10 個人中會有 1 個人因精神壓力過大和憂慮而崩潰。

鑒於此，現在，我寫下這一章，當作按你的門鈴，以作警告。

憂慮極易引發各種疾病。阿列克斯·卡爾博士是諾貝爾醫學獎得主，他說：「不懂得如何消除憂慮的人容易早逝。」

事實上，不光是商人，任何人，家庭主婦、獸醫以及泥水匠一概不能置身事外。

那是前幾年的事情了，當時我正在度假，同行的還有格伯爾博士。他是聖塔菲鐵路線上的醫務主任，也是海灣羅拉多醫院的主治醫師。車經過德克薩斯州和新墨西哥州時，我們聊到了憂慮對人的影響。他感慨：

如果 70% 的病人能夠消除自身的恐懼和憂慮，所謂的疾病就會不辭而別。當然，我的意思並非說他們無病裝病，恰恰相反，他們的病與牙疼一樣確實存在，甚至更嚴重。我所說的這種病，它和神經性的消化不良差不多，就像胃潰瘍、心臟病、失眠症或者一些頭痛症和麻痹症那樣。這些病確實存在，這我非常清楚，因為我忍受過 12 年胃潰瘍的折磨。

懼怕帶來憂慮，憂慮導致緊張，緊張會影響人的胃部神經，長此以往，胃潰瘍就產生了。

《神經性胃疾》(Nervous Stomach Trouble) 一書的作者約瑟夫·蒙泰格博士在書中曾寫道：「導致胃潰瘍不是因為你吃了甚麼，而是由於你過度焦慮。」

梅奧診所的阿萊瑞博士則說：「當你情緒緊張時，胃潰瘍就瞄上你了；當你無憂無慮時，胃潰瘍就與你無關。」這個觀點是在對 1.5 萬名胃病患者進行調查後得出的，他們的說法得到了證實。80% 的人並不是因為生理原因而患胃病，恐懼、憂慮、憎恨、自私以及無法適應社會環境，才是他們得胃病的真正原因，而胃潰瘍已成為使人喪命的疾病之一。

最近一段時間，我和梅奧診所的哈羅德‧海恩博士有過幾次通信，他在全美工業界醫師協會的年會上宣讀了一篇論文，其中提到，他研究了 176 位平均年齡在 44 歲左右的工商界負責人，差不多有三分之一的人因為生活過於緊張而患了心臟病、胃潰瘍或高血壓。

由此可見，成功要付出何等的代價！然而，一個患有胃潰瘍或心臟病的人，能算成功者嗎？即使他贏得了世界，但失去了健康，世界對他而言，又有何用？一個人，哪怕他擁有了整個世界，他也只能睡一張床，每日吃三頓飯，而這一切，即使是一個挖水溝的人都能做到，挖水溝的人甚至比前面提到的那些人睡得更安穩、吃得更香甜。我寧可在阿拉巴馬州做一個閒時膝上擱五弦琴的佃農，也不想自己 45 歲不到就為了管理一家鐵路或香煙公司而損害了健康。

最近，一位知名度很高的香煙製造商在加拿大森林裏度假時，因心臟病突發死亡。他有幾百萬的家產，但 61 歲就逝世了。生意上的成功，可能是他用多年的生命換來的吧。

在我的眼裏，這位富有的香煙商遠不如我的父親成功。雖

然我的父親只是密蘇里州的一位農民,但他卻很快樂地活到了89歲。

憂慮會引發神經疾病。據梅奧診所的醫生說,在高倍顯微鏡下,用最先進的方法來檢查精神病患者的神經細胞時發現,多數人和正常人並沒有甚麼差別,他們的「精神障礙」並非神經本身出現問題,而是由悲觀、煩躁、焦急和憂慮等情緒造成的。如柏拉圖所說:「醫生犯的最大錯誤是他們想治療患者的身體,而不是他們的精神。實際上,精神和肉體密不可分。」

醫學界用了無數年時間,才證明了柏拉圖所說的偉大真理。現在,醫學界開始發展一種被稱為「心理治療」的新醫學,同時治療精神和肉體,雙管齊下。現在,該是做這件事情的大好時機。如今醫學已經很發達,可以有效防治由細菌引起的可怕疾病,例如天花、瘧疾、霍亂等曾經奪去了千百萬人生命的傳染病。但令人遺憾的是,醫學界仍然無法根治不是由細菌,而是由憂慮、懼怕、仇恨、不安、絕望等情緒所引發的疾病。由情緒因素所引發的疾病,其死亡率正在迅速上升,發展的速度快得嚇人。二戰期間,在美國被徵召的年輕人中,有六分之一的人因為精神失常而不能服兵役。

是甚麼原因造成精神失常?誰也難以找到全部的原因。但許多病例表明,恐懼和憂慮是首要的原因。焦慮讓人無法面對殘酷的現實生活,不和外界聯繫,從而躲進自己狹小的夢想世界裏,以求緩解內心的緊張。

我的書桌上放着一本《停止憂慮重返健康》(*Stop Worrying*

and Get Well)，它是愛德華・波德斯基博士的作品。以下是書中的幾個內容：

1、憂慮對心臟的損傷
2、憂慮會引發高血壓
3、憂慮可造成風濕症
4、減少憂慮，會對你的胃大有好處
5、憂慮是導致感冒的因素
6、憂慮與甲狀腺的關係
7、憂慮與血糖的關係

卡爾・梅格爾博士的著作《人類的自我損害》(*Lion Against Himself*)，對憂慮的認識也很深刻。梅格爾在書中並沒有提出如何避免憂慮的有效方法，而是用了許多觸目驚心的事例，來讓人們了解焦慮、不安、仇恨、後悔、反叛和恐懼等情緒對身心的摧殘。這本書值得大家一讀。

憂慮會令最堅強不屈的人患病。美國南北戰爭即將結束之際，格蘭特將軍深刻體會到這一點。有關故事如下：

格蘭特將軍率部圍攻里士滿 9 個月。南方李將軍手下的士兵忍飢挨餓，眼看就要失敗了，整個部隊軍心動搖，一些士兵在軍帳裏祈禱，又哭又鬧。最後，李將軍的部隊放火焚燒了里士滿的棉花和煙草庫，同時焚燒了兵工廠，趁着火光沖天的黑夜棄城而逃。格蘭特將軍率部窮追不捨，從後方和兩翼夾擊

南方軍隊，並命令謝里登將軍的騎兵從正面阻擊敵軍，炸毀鐵路，繳獲了運送補給的火車。

格蘭特當時視力微弱，劇烈的頭痛使他無法跟上隊伍，所以臨時住在一個農舍裏。他在回憶錄裏這樣寫道：「整整一個夜晚，我把腳泡在芥末冷水裏，同時還將芥末藥膏貼在手腕和後頸部，期待第二天能夠好起來。」

果然，第二天早晨，格蘭特恢復了，但卻不是那些芥末藥膏所起的作用，而是有人用快馬帶來了李將軍的降書。格蘭特寫道：「當那個軍官將信交到我手裏時，我的頭依然痛得非常厲害，但當我看了李將軍那封信的內容時，頭就再也不疼了。」

格蘭特將軍的頭疼是由憂慮、緊張等情緒引起的，一旦他的情緒放鬆下來，想到了勝利的喜悅，他就很快康復了。

70 年後，時任財政部長的亨利‧摩根索也發現憂慮會讓他頭昏腦脹。他在日記裏說，政府要他每天購進 440 萬蒲式耳的小麥以提高小麥的價格，這讓他非常焦慮。他寫道：「收購只要仍在進行，就會讓我一直覺得頭昏眼花。回到家吃完午飯後，我就躺在床上睡兩個小時。」

究竟憂慮會對人產生甚麼樣的影響，已不需要到圖書館或找醫生諮詢，你只需從我的書房向窗外望去就能發現：在這條街的不遠處有一棟房子，它的男主人因為憂慮導致精神崩潰；而另一家的男主人因為憂慮患上了糖尿病，他的血糖會隨着股

票的下跌而陡然升高。

法國著名哲學家蒙田被選為家鄉波爾多市的市長時，曾對民眾說：「我很樂意用我的雙手為大家效勞，但不想讓這些日常的工作影響我的身心健康。」

然而，我的那個鄰居卻讓股票漲跌影響了他的血糖含量，幾乎為此丟掉了性命。

假如我想警告自己憂慮對人究竟有多大危害，沒有必要去看街上的鄰居，我現在居住的這座房子，其原先的主人就是因為憂慮而過早地進入了墳墓。憂慮能引發風濕病、關節炎，讓人困守在輪椅上。

羅素‧希塞博士是世界著名的關節炎專家，他列舉了導致關節炎的四種最常見的病因：婚姻失敗、金錢上受損和拮据、孤獨與憂慮、長期積怨。

這種不良情緒並不是導致關節炎的唯一病因，但希塞博士認為，這是引發關節炎最常見的病因。例如，我的一位朋友在發生經濟危機時厄運不斷：煤氣公司停止給他供煤氣，抵押貸款的房子也被銀行沒收，他妻子突然在一夜之間得了關節炎，吃藥、食療都沒有甚麼效果。但等到經濟狀況有了改善之後，他妻子的關節炎卻不治而癒了。

憂慮會導致蛀牙。威廉‧麥高尼格博士在美國牙醫協會作演講時說：「憂慮、恐懼、積怨等不良情緒會損壞人身體的鈣質平衡，從而導致蛀牙。」麥高尼格博士告訴大家，他的一位病

人原先有一口漂亮的好牙，卻因為妻子突然患病住院，3個星期內突然長了9顆蛀牙。

我見過甲狀腺亢奮的人，他們全身都在顫抖，看上去像被誰嚇到了。甲狀腺本來是對身體起調節作用的，一旦出現問題，就會使心跳加速——瞬間使身體像打開所有通風孔的火爐般加速燃燒，如果不及時診治，患者很可能因「把自己燃燒殆盡」而死亡。

幾天前，我和一位患了甲狀腺亢奮的朋友去費城。我們去見約瑟列・布蘭姆醫生，他是一位主治甲狀腺病的著名專家，具有38年的臨床經驗。他的候診室牆上掛了一塊告示牌，上面寫着對病人的忠告。我在等候時把它抄了在信封的背面：

學會自我放鬆和享受生活
最使你身心愉悦的有效方法：
對前途充滿信心；
要睡得香；
養成欣賞美妙音樂的習慣；
樂觀看待生活。
健康和快樂將會永遠陪伴你。

約瑟列・布蘭姆詢問我朋友的第一句話是：「是否有甚麼不良的情緒？」他提醒我的朋友，如果他依然憂慮，就很可能患心臟病、胃潰瘍或者糖尿病等疾病。這位專家說：「這些病症都是近親。」一點兒不錯，它們都是由憂慮所引發的疾病。

我採訪過電影明星梅樂‧奧白朗，她曾對我說，她絕對不會憂慮，因為她可不想讓憂慮摧毀她作為電影明星的資本——她的美貌。她對我講述了自己的一段經歷：

我最初進入影壇闖蕩時，擔心得要命。那時，我剛從印度來到倫敦，人生地不熟，但我想在電影中找個角色，於是就見了幾個製片人，但他們都不願意用我。漸漸的，我用完了最後一點積蓄，有足足長達兩個星期，我只能靠吃餅乾和喝水維生。當時困擾我的不僅僅是憂慮，還有飢餓，我告訴自己：「或許你是個傻瓜，或許你不該企圖從事電影這個行業。總之，你毫無經驗，也從未演過角色，除了長得漂亮，你一無所有。」

我站在鏡子前，發現憂慮已損害了我的美貌，它已使我的臉蛋上生出了細小的皺紋。因此，我警告自己：「你必須立即停止憂慮，你所擁有的不過只是容貌，而憂慮足以毀了它。」

沒有甚麼會比憂慮更容易使一個女人迅速衰老，進而毀掉她的容貌。憂慮會讓我們的表情僵硬，會令皮膚生出皺紋，讓人愁容滿面，以至於頭髮變白、脫落。憂慮會讓人的皮膚暗淡，患上丘疹。

心臟病是美國人的頭號健康殺手。第二次世界大戰期間，約有 30 萬美國人陣亡。而在同一時期，死於心臟病的平民卻有 200 萬之多，其中 100 萬人是由憂慮和精神壓力太大引發心臟病死亡的。所以，正如卡爾博士所說：「不懂得如何消除憂慮

的人容易早逝。」

美國的黑人和中國人很少因為憂慮而引發心臟病，這與他們心性隨意淡泊有關。資料顯示，死於心臟病的醫生比農民高出 20 倍，因為醫生的工作過於緊張。

威廉・詹姆士說：「上帝會寬恕我們的罪，而我們的神經系統卻做不到。」

這是一件令人震驚和難以置信的事實：每年死於自殺的美國人比死於五大疾病的人多。

究竟是甚麼原因呢？憂慮。

西班牙宗教法庭和德國納粹集中營曾使用過一種刑罰，他們把俘虜或敵人的手腳綁起來，放在一個盛滿水的袋子下面，讓不斷往下滴的水滴落在俘虜的頭上。這些不斷滴在俘虜頭頂上的水聲，就像用棍子敲打的聲響，最終使那些人精神失常。一些殘忍的古代將軍也這樣對待俘虜。

憂慮就像不斷往下滴落的水，而那不斷往下滴的憂慮，經常會使人精神崩潰。

在密蘇里州鄉下，當我還是一個少年時，曾在某個星期天聽牧師描述地獄烈火的情景，我嚇壞了。但牧師從來沒提到折磨我們身心的地獄烈火。假如你總陷入憂慮之中不能自拔，有一天，你就有可能會患上令人苦不堪言的「心絞痛」。

一旦心絞痛發作起來，會痛得你哭天搶地，和這種痛苦相

比，但丁的《地獄篇》聽起來就如同兒戲了。那時你會自言自語道：「上帝啊上帝！要是我能不受此病折磨，我再也不會為任何事情憂慮了，直到永遠。」要是你認為我誇大其詞的話，可以回去問問你的家庭醫生。

你熱愛生活嗎？你想健康長壽嗎？卡爾博士的這句話就是你應該做到的，他說：「**在無比喧鬧的現代都市裏，只有內心平靜的人才不會受到精神病的困擾。**」

在現代都市的嘈雜聲中，你能否保持內心的平靜？如果你是一個正常的人，你會回答：「我肯定能。」生活中，大多數人遠比我們想像的更堅強。其實，我們的內心有許多未被發現的潛能，正如梭羅的不朽名著《瓦爾登湖》(Walden) 裏所描述的那樣——

　　我相信人們能夠通過自己的意志力去改變生存處境，如果一個人能夠充滿信心地去實現他的理想，努力去追求他所期待的生活，他將能夠取得意想不到的成功。

我想，本書的眾多讀者都具有很強的意志力，能像愛達華州的奧爾嘉·賈薇小姐一樣有驚人的表現。她在十分悲慘的情況下，依然能夠拋開憂慮。只要應用本書裏所探討的一些法則，我堅信，我們也能做得像賈薇小姐一樣。下面是奧爾嘉·賈薇寫信告訴我的故事：

　　八年前，醫生告訴我，我會極慢、極痛苦地被癌症折磨

致死。當時國內最著名的醫學專家梅奧兄弟同時也證實了這一診斷。我無路可走，只有走向死亡。但我還很年輕，不想死。絕望之中，我打電話找主治醫生，向他哭訴我內心的絕望。他反問我：「你怎麼啦？你真的一點勇氣也沒有了嗎？你若還像這樣哭下去，我敢肯定你必死無疑。不錯，情況異常糟糕，但事已至此，不如面對現實，停止憂慮，然後想想應對措施。」聽到這裏，我把指甲深深掐進肉裏，渾身發涼，我對自己發誓：「我絕不再憂慮！不再哭泣！沒有必要去擔心，我要堅持到底！我必須生活下去！」

當時不能採用鐳照射，通常是用 X 光照射十分半鐘，30 天為一個療程。醫生為我做的放射劑量是每天十四分半鐘，49 天為一個療程。雖然我已瘦得只剩一副骨頭了，兩腳像灌了鉛一樣沉重，我卻不再憂慮，並且一次也沒有哭過。我面帶微笑，是的，我是強作笑顏。

我並沒有笨到認為只要微笑就能治療癌症，可是通過這次經歷，我堅信，樂觀的心情有助於人抵抗疾病。說到底，我創造了一次治癒癌症的奇跡。現在，我比幾年前活得更健康、更快樂。我要感謝那句激勵我去挑戰的話：「不如面對現實，停止憂慮，然後想想應對措施。」

在本章結束之時，我想再次引用卡爾博士的那句名言：「不懂得如何消除憂慮的人容易早逝。」卡爾所說的或許就是你！

如果你想擁有一個健康的人生，就讓你的內心遠離憂慮。

卡耐基心得 Dale Carnegie's Tip

憂慮就像不斷往下滴落的水，而那不斷往下滴的憂慮，經常會使人精神崩潰。

分析憂慮的方法

如何分析憂慮並從中解脫出來

應對憂慮的三個步驟：

查明憂慮的真相——分析真相——做出決斷並付諸行動。

用第一章第二節所提及的卡瑞爾萬靈公式能解決一切憂慮嗎？當然不能！

那麼，有甚麼更好的方法呢？我們必須學會分析憂慮的 3 個步驟，以便周密地應對各種憂慮帶來的麻煩。這 3 個步驟是：

查明憂慮的真相——分析真相——做出決斷並付諸行動。

這就是亞里士多德曾傳授給他人，他人皆能運用自如、屢試不爽的辦法。非常簡便易行吧？假如憂慮整天困擾着你，那麼這一招就用得上。

第一個步驟：查明憂慮的真相。這相當重要，因為如果我們沒有查明真相，就不能理智地應對憂慮；不清楚真相，我們就會一籌莫展，無從下手。這是哥倫比亞大學的赫伯特·霍克斯在幾年以前使用的主要方法，他曾幫助過 20 萬名學生從憂慮中解脫出來。他曾對我說：「導致憂慮的主要原因是困惑。世人多半的憂慮是因為他們在對真相缺乏充分了解時就妄下定論

所引起的。假設下星期二的下午 3 點有問題需要我去解決，那麼我在下星期二之前肯定不會做出甚麼決策。在這期間，我會致力於查明相關的事實根據。我不會為此煩惱，也不會為此徹夜難眠，我只會專心致志地去查明真相。到週二時，我已差不多弄清了這件事的原委，所以問題的很大一部分就解決了。」

我問霍克斯這是否意味着他不再因憂慮而煩惱了，他答道：「對，坦白說，我在生活中已徹底擺脫了憂慮。」他繼續說：「我相信，如果人們肯專心地弄清事情發生的真相，他們的憂慮便會在理性之光中煙消雲散。」

請允許我再說一遍：「倘若人們肯專心地弄清事情的真相，他們的憂慮便會在理性之光中瓦解。」

如何去做呢？我們不妨借鑒愛迪生的一句話：「除了思考，別無他途。」獵犬只盯着眼前的事物，而忽略了其他相關的東西。如果我們不能客觀地查清事實，就會像牠一樣。如此一來，我們就會輕信自己的判斷。

法國作家安德烈·莫盧瓦曾說：「與我們的個人意願相符的任何事情似乎都是可信的，而不相符的事情卻令我們深感失望。」

這樣，我們找不到解決問題的答案也就不足為奇了。如果我們讓 2 ＋ 2 ＝ 5，那我們就是去做小學二年級的數學題不也同樣困難重重嗎？可是，有許多人認定 2 ＋ 2 ＝ 5 甚至 500，搞得大家都很痛苦，包括他自己。

那麼，該怎麼做呢？我們考慮問題時最忌諱的一點就是一時衝動，要克服一時衝動，要像霍克斯所提倡的那樣，保證「事實的客觀公正性」。

正在憂慮的人要做到「客觀公正」可不是那麼容易，因為這時他們被情緒控制着。我發覺，有兩種方法有利於我們採取客觀公正的態度，從而更加清晰地看清事實。

1、當我們去調查事情真相時，假裝是在為他人收集資料，這有助於我們客觀公正地看待事物，不輕易被自己的情緒所左右。

2、假如我一定要在憂慮時去調查事情的真相，我會讓自己站在對方的立場，自己做對方的辯護律師。換句話説，我得弄明白那些對我不利的事情。儘管這些事和我的初衷是相反的，我並不高興這樣做，但必須這麼去做。

然後，將事實正反兩面的因素記錄下來，你會發現，真相通常就躲藏在兩個極端之間。

要着重指出的是，無論你我，還是愛因斯坦、美國最高法院法官，都不會在沒有查明真相之前就作出明智的決斷。愛迪生臨終時留下、記載各類事實依據的筆記達 2,500 條之多。

所以，解決問題的第一原則就是查明真相。我們應該謹記霍克斯的忠告：**在沒有以客觀公正的態度查明真相前，切勿急於下結論。**

然而，查明了真相卻對真相本身不加分析，這對我們也沒

甚麼好處。

　　將事實寫下來更易於分析，這是我費了不少工夫才發現的。其實，**將查清的事實和面臨的問題寫在紙上，對於我們作出正確的決定很有幫助。**發明家查爾斯‧凱特林說：「將問題陳述得條理清晰，就等於把問題搞定了大半。」

　　中國有句老話「百聞不如一見」，我就舉個真實的例子吧。

　　這個故事的主人公蓋倫‧李奇費爾德與我是老朋友，他在遠東是一位很有成就的美籍商人。

　　1942 年，日本侵略軍的步伐到了上海，他就在那裏跑生意。在我家做客時，他對我講了他的一段經歷：

　　日軍剛剛偷襲珍珠港不久，緊接着又攻佔了上海。那時，我是上海亞洲人壽保險公司的經理。日軍派來一個「軍方賬目會計」，他是一位海軍上將，讓我協助他清查公司的所有資產。我別無選擇。

　　沒辦法，我只能奉命行事，但是，有一筆 75 萬美元的保證金，我沒有列入清單給他看，因為這筆賬歸香港分公司，與上海公司無關。但我很擔心、害怕，萬一日軍發現了，我就會遭受酷刑。他們真的發現了。當時，我正好不在辦公室，只有我的主管會計在場。

　　他事後告訴我，當日軍查出了這筆賬後，那位海軍上將憤怒至極，破口大罵，罵我是叛徒，是小偷！說我竟敢與皇軍作對！這下可慘了，我要被他們扔進橋頭堡了！

橋頭堡！那是日軍臭名昭著的酷刑房，我有幾個朋友就是崩了自己也不情願被關進去。我的另外幾個朋友在其中因不堪忍受 10 天的審訊和酷刑，被活活摧殘致死。

現在輪到我要被關進去了。

我該如何是好？我是在星期天的下午才得知這一情況的，要是沒找到有效的應對辦法，我真會被嚇死。我坐到打字機前打出兩個問題，然後給出答案：

1、我在憂慮甚麼？

2、對此我能做些甚麼？

過去我常常喜歡這樣自問自答，但後來我會將問題和答案一起寫在紙上，以理順自己的思路。週日下午，我回到了我在上海的寓所，照習慣坐在打字機前，開始打字：

1、我在憂慮甚麼？

明天早上，我有可能被關進橋頭堡酷刑室。

2、對此我能做些甚麼？

我想了很久，將我在目前環境下唯一可能採取的 4 個對策及其結果打了出來：

a. 向日軍的這位海軍上將解釋清楚。不妙的是他不懂英文，如果我讓翻譯跟他囉嗦、解釋，一定會再次惹火他。如果他十分兇殘，寧可把我送進酷刑房也不想聽我解釋，那麼我就必死無疑了。

b. 想法逃走。他們已經在監視我的行動了，我每天進出都會受到他們的檢查。如果我想逃走，一旦被抓住，很可能被就地槍決。

c. 躲在寓所裏，不去辦公室。這樣，這位日本海軍上將就會起疑，說不準會派人來逮捕我，那我肯定只能進橋頭堡。

d. 若無其事地像往常一樣去辦公室。這樣一來，這傢伙很可能因為忙昏了頭而忘記這件事。就算他想起來了，最重要的是這時他已平靜下來。如果他向我追究，我也有機會向他解釋一番。所以，週一我和平常一樣去上班，要是不出甚麼意外的話，我就擁有了兩次免去橋頭堡的機會了！

考慮清楚後，我決定按第四個應對之策去做，星期一照常去辦公室。作決定後我頓時感到一身輕鬆。

星期一，我走進了辦公室，這位海軍上將正在抽煙，仍像往常一樣盯着我，不說話。感謝上帝，6個星期之後，他奉命調回了東京。

我的憂慮就此中止。如我所料，我救了自己，那個星期天的下午，我坐下來將我可以想到的辦法和最有可能產生的後果，一一打印出來，然後鎮靜地作出了合乎情理的決定。假如我沒有這麼做，我就會驚慌失措、猶豫，做出一些愚蠢之舉，最終毀了自己。如果我沒有在想了又想之後才作出決定，那個週日的下午定會煩躁不安，整夜無法入睡，週一早上去辦公室時也會滿臉不安，足以引起日本軍官的猜疑，而做出對我不利的事情。

作出解決問題的決定是極其有益的，這是我的經驗。沒有作出最終的決定，只是反覆在原地兜圈子，就會遭受地獄般的煎熬，將人逼到崩潰的邊緣。在我看來，一半的憂慮在作出決定後就蕩然無存了，而另外一半的憂慮在決定付諸實行時幾

乎完全煙消雲散。

所以，我採取以下四個步驟解脫我的憂慮：

1、準確地寫出我在擔心甚麼。

2、寫出我可以為此做些甚麼。

3、決定怎麼樣去做。

4、立刻執行我的決定。

後來，李奇費爾德擔任了斯達‧帕克‧費里曼公司的遠東區總裁，負責保險業務，這使他成為亞洲地區知名的美國商人。他坦率地告訴我，正是因為善於運用這種方法，他才取得今天的成功。

他的方法到底有甚麼作用？它具體、實用，直接觸及問題的本質，關鍵更在於不能或缺的第四個步驟——將這一切付諸行動。查清事實、分析事實、付諸行動，這 3 個步驟要有效地結合起來。正如心理學家威廉‧詹姆士說的那樣：**「決定一旦作出，就要果斷地實施，而不要瞻前顧後。」**他的本意是說：一旦你依據事實作出了慎重的決定，就要立即將它變為行動，切忌猶豫不定。

懷特‧菲利普斯是奧克拉荷馬州鼎鼎大名的石油大亨，我曾經問他是怎樣執行自己的決策的。他對我說：「考慮問題要適度，否則會產生迷惑和憂慮。有時，過度的查證與考慮是沒有用的。我們必須作出決策、執行決策，決不優柔寡斷。」

何不運用李奇費爾德的訣竅去擺脫自己的憂慮呢？

問題一：我在擔心甚麼？

問題二：對此我能做甚麼？

問題三：是否決定付諸行動？

問題四：甚麼時候開始行動？

卡耐基心得 Dale Carnegie's Tip

一旦你依據事實作出了慎重的決定，就
要立即將它變為行動，切忌猶豫不定。

如何消除工作煩惱

當工作被憂慮打擾，請試着問自己4個問題：
到底哪裏出了問題？為甚麼會出問題？
有哪些解決問題的辦法？採用何種方案解決問題？

如果你在經商，看到這個標題你會自言自語道：「這一章的標題可真滑稽。我幹這行已經有十多年了，這些東西我不比誰知道得少，想要教我如何消除工作煩惱，真是可笑！」

你這麼想其實也可以理解，幾年前，我看到這樣的標題也會和你一樣想，覺得它就像張空頭支票一樣毫無價值。

讓我們開誠佈公地說說看：或許我做不到幫你消除一半的工作煩惱。正如我在上一章所說，誰也不能代替你自己消除你的憂慮。但我能做的是，讓你看看別人是怎樣解脫憂慮的，然後，就看你自己了！你應該沒忘記我所引述的卡爾博士的忠告吧：「不知如何擺脫憂慮的人會成為短命鬼。」既然克服憂慮對我們如此重要，那麼我只需幫助你解脫哪怕僅僅十分之一的憂慮，你應該也會輕鬆不少。現在，我來給你講個故事，看看一位公司管理人員如何消除了一半的憂慮，而且還縮短了原來消

耗在開會上四分之三的時間。

我要講的故事是真人真事，絕非杜撰出來的。故事的主人公名叫萊昂‧西姆金，曾是全美最大的出版商之一，任紐約西蒙舒斯特出版公司的股東兼總經理。

以下就是西姆金自述的親身經歷：

15年來，我幾乎將每天一半的工作時間都浪費在開會討論上。我們需要這麼做嗎？或者根本不需要？我們在開會時總是放鬆不下來，屁股在椅子上扭來扭去，在會議室裏爭吵不休。一到晚上，我簡直心力交瘁。我絕望地認為自己的下半生也就這樣了，因為我已經這樣度過了15年，毫無改變。如果有誰告訴我他能夠縮短四分之三令人生厭的會議時間，那他一定會被我當成一個天真的瘋子。然而，一種新方法居然真的出現了。8年來，這種方法一直被我用於工作和生活，它使我的工作效率、身心健康都出現了奇跡。

這種方法像所有的魔術一樣，說穿了十分簡單。

秘訣在於：首先，我決定取消15年來例會的程序，以前在會議開始時，我的屬下發瘋似地向我詳細彙報公司運作中的各種問題，而在會議結束時，大家卻還在那裏糊裏糊塗：「究竟要採取甚麼措施呢？」其次，我確立了一條新的規定，每個準備向我彙報問題的人，都要準備好以下四個問題的答案：

第一個問題：究竟哪裏出問題了？

（原先我們浪費了一兩個小時開會討論問題的根源，卻毫

無頭緒。我們原先總是喜歡將問題付諸討論，卻不喜歡將問題好好整理。）

第二個問題：為甚麼會出問題？

（當我回頭反思自己的職業生涯，我無比驚訝地發現，即使在開會時，我都沒有弄清問題的癥結所在，卻在討論中白白浪費會議時間。）

第三個問題：有甚麼解決問題的方案？

（原先，在會上只要有人提出解決方案，馬上就有人站出來反駁，雙方一直爭吵不休，會場上鬧得跟戰場一樣。我們常常因此偏離了會議的議題，等到會議結束時，有效的解決方案還是沒有確定下來。）

第四個問題：你是否能提供一些解決問題的建議？

（原先開會的情況是大家一起在會場上著急，卻不能提出任何建設性建議，誰都不能乾脆地說出「我有個辦法」。）

現在，我的屬下已經很少找我反映問題了。原因何在？因為他們在為以上四個問題尋找答案時，不得不去弄清楚來龍去脈，將問題全面考慮。結果他們發現一個事實，那就是有四分之三的問題他們可以自行解決，根本用不着來求助於我，就好像他們將烤熟的麵包從電烤箱裏拿出來一樣，十分簡單。即使遇上必須開會商討的問題，也只需用原來會議四分之一的時間，因為問題在討論之前已經被梳理了，從而能夠很快找到合乎邏輯的解決途徑。

現在的西蒙舒斯特出版公司內，很少有人再把時間浪費在

憂慮與爭辯上了，大家都學會了在自己的位置上，按照正確的方法解決問題。

我的朋友弗蘭克‧貝特格是美國最優秀的保險推銷員，他告訴我，他採用的方法與西姆金相似，既有效減輕了工作憂慮，而且收入也明顯提高。

貝特格這樣說：

幾年前，我剛剛進入推銷業時，對這份工作抱有極大的熱情，可最初的工作有點棘手，讓我感到沮喪，開始對這份工作失去信心，一度考慮轉行。幸好在某個星期天的早晨，我盡量平靜下來，思考自己憂慮的根源，否則的話現在我可能已在做另一份工作。

我首先問自己：「到底出了甚麼問題？」答案是：我四處走訪客戶，累得筋疲力盡，卻收效甚微。我與客戶談話愉快，卻不能讓他們愉快地簽約。客戶全都這麼說：「就這樣吧，貝特格先生，讓我好好想想後給你答覆。」害得我又白跑多次，並且無功而還、筋疲力盡。

我問自己：「有沒有解決問題的好辦法呢？」為了回答這個問題，我開始反思自己。我把過去一年的工作記錄作為研究對象，結果，上面顯示的事實讓我驚訝：70% 的合約是在我對客戶初次拜訪時簽訂的；還有 23% 是在第二次拜訪時簽訂的；而僅有餘下 7% 的合約是我不厭其煩、三番五次地拜訪才簽訂的。就是這極小部分的合約使我費時費力，耗費了不下一

半的工作時間！

　　如何解決呢？答案很簡單，我根本不要再做超過第二次的拜訪，省下來的時間將用於尋求新客戶。這種新方法使我取得了非常驚人的業績，因此我的收入也在短時間內大幅度增加。

　　按照這種方法，弗蘭克·貝特格先生成了全美優秀的壽險推銷員之一，但即使是他也曾經差點放棄這份工作，懷疑自己沒這個天分。要不是他能及時整理思考並得出結論，根本不可能有今天的成功。

　　當工作被憂慮打擾，請試着問自己這 4 個問題。試試看，也許這 4 個問題真的能減輕你一半的憂慮。

　　1、到底哪裏出了問題？

　　2、為甚麼會出問題？

　　3、有哪些解決問題的辦法？

　　4、你採用何種方案解決問題？

卡耐基心得 Dale Carnegie's Tip

　問了 4 個問題後，要進行反思，從而找到解決問題的辦法。

如何消除慣性憂慮

把憂慮從你的思緒中驅逐出去

讓自己忙起來。只有忙碌，
才能讓人從憂慮的深淵中走出來。
這種方法叫做「工作療法」。

幾年前的某個夜晚，學員馬利安·道格拉斯向我講述了一個讓我終生難忘的故事。他告訴我，他家裏接連遭受了兩次重大不幸。第一次是他所疼愛的 5 歲女兒不幸夭折，他和妻子傷心欲絕，無法承受這個打擊。他說道：「10 個月過去了，上帝又賜予了我們一個女兒，可是，她僅僅存活了短暫的 5 天。」

這雙重打擊令他痛不欲生，這位父親說：「我無力承受，我無法入睡，不思飲食，無力地在悲痛的深淵中掙扎。我的精神到了崩潰的邊緣，信心完全喪失了。」最後，他只得去求助醫生。一位醫生建議他服安眠藥，另外一位醫生告訴他去旅行。兩個方法他都嘗試了，然而毫無效果。他說：

我的全身似乎被一把鉗子死死夾住，而且愈夾愈緊。這種悲哀對我身心的摧殘，只有與我有類似經歷的人才能明白。

但是，仍得感謝上帝，我還擁有一個 4 歲大的小男孩，

是他讓我走出那段悲傷的日子。一天下午，我一個人呆着為自己的生活悲傷難過時，他跑過來問我：「爸爸，你給我造一隻小船吧。」我哪裏有心情去造船，實際上我對生活中的任何事情都提不起興趣。但是兒子不肯放過我，我只好滿足他的願望為他造船。

製作那隻玩具船用去了 3 個小時，當我把船交給兒子時，我突然感到我在造船的這 3 個小時，是我幾個月來過得最為放鬆、平靜的時光。這種放鬆與平靜讓我從深重的痛苦之中清醒過來，並且認真思考問題。幾個月來，我第一次去面對自己生活中出現的問題。我發現當我專心工作時，就不會有空閒去憂慮。對我來講，製作那隻玩具船就讓我從憂慮中解脫了出來，因此，我決定讓工作佔用自己所有的時間。

第二天夜裏，我檢查家裏的每一個角落，將要做的事情全部寫在一張清單上。有許多物品需要維修：書架、樓梯間、窗戶、門鎖、損壞的水龍頭……讓人意想不到的是，要維修的東西竟如此之多，兩個星期之內，我竟然列出了 242 件需要去辦的事情的大清單。

過去的兩年，清單上大部分要做的事情已經完成。我開始充實自己生活的內容，每個星期，我抽出兩個夜晚去紐約市上成人教育班的課；積極參加社區各種公益活動，現在我擔任了一所學校董事會的主席；參加社會上的各種會議，參與紅十字會和其他機構的募捐活動。如今，我的生活很充實，不會再有時間去憂慮了。

「沒有時間憂慮！」正如邱吉爾在二戰期間戰事最緊張時所言，那時他每天工作長達 18 個小時之久。當有人問他擔負着如此重大的責任是否感到憂慮時，他回答說：「我太忙了，不會有時間憂慮。」

查爾斯・柯特林先生在開發汽車自動啟動器的時候，也遇到過同樣的情況。在退休之前，柯特林一直擔任著名的通用公司的副總裁，領導通用汽車的開發工作。然而，當初的他一貧如洗，只能用一個破舊的倉庫做實驗室。為了購買材料，他把妻子教鋼琴所得的 1,500 美元花掉了，之後，又用人壽保險單抵押貸了 500 美元。我問過柯特林太太，那時是不是非常憂慮？她回答說：「是的，當時我擔心得無法入睡，然而我先生卻一點也不擔心。他一天到晚在他的實驗室裏工作，根本沒有憂慮的時間。」

偉大的科學家巴士德曾經說：「在圖書館和實驗室裏的人們，很容易找到內心的平靜。」為甚麼呢？因為身處圖書館和實驗室的人大多在聚精會神地工作，他們不會有閒餘的時間為瑣事煩惱。科研人員很少出現精神問題，因為他們不會有時間來光顧這種「空閒」。

為甚麼只用「讓自己忙碌起來」這樣簡單的方法，就可以把憂慮驅走呢？因為它是心理學上一條最基本的定理：**一心無二用**。一個人無論多有天賦，都沒有可能在同一時間去思考一件以上的事情。來，我們不妨做一個實驗：現在，你躺在椅子上，閉上眼睛，試試看，同時想自由女神像和明天上午你有甚麼安

排。結果，你可以想一件事情後再去想另外一件事情，但不可能在同一時間裏想兩件事情。人的情感也是如此。我們不可能激情飛揚地去做某一件事情，同時又對這件事情非常憂慮，一種情緒是會把另一種情緒驅走的。二戰時心理醫生把這個發現應用到軍隊中，其操作方法非常簡單，卻創造了心理治療的奇跡：戰爭時期，可怕的戰爭場面使一些人的內心遭受創傷，而得了「心理精神衰弱症」。軍醫為這些人開出的治療方案是：讓他們不斷地忙碌。一覺醒來，就讓這些在精神上受過創傷的人一刻不停地活動，安排他們釣魚、狩獵、玩球、攝影、整理花園以及跳舞等，使他們沒有空閒去回憶他們所經歷的那些血腥的戰爭。

「工作療法」是當代心理學上的術語，就是用工作作為治療疾病的藥。「工作療法」自古就有，公元前 500 年，古希臘的醫生就知道應用它了。在本傑明‧佛蘭克林時期，費城教友會教徒曾使用過這種辦法。有人在 1774 年訪問費城教友會療養院時，看見一些精神病人正在織布，他非常吃驚。他認為這些可憐的精神病人正在遭受摧殘，然而教友會的負責人告訴他，讓這些病人參加一些輕鬆的工作，會有利於他們病情的好轉，工作能夠讓他們的情緒安靜下來。

著名詩人亨利‧朗費羅在痛失嬌妻之後，也悟得這個道理。

有一天，朗費羅年輕的妻子在點蠟燭時，不小心把衣服燒着而慘叫起來，朗費羅聞聲趕去搶救，但妻子還是因為傷勢太重，無法醫治而死去。

　　有段時間，妻子死亡的悲慘場景總縈繞在朗費羅的腦海裏，使他快要發瘋。幸運的是，他有 3 個幼子等着他養育。他只好暫時將悲痛放在一邊，去承擔父親與母親的雙重責任。他得帶他們出去遊玩，給他們講生動的故事，和他們一起玩遊戲。他還把這段父子之間的生活經歷寫成了《與孩子在一起》(The Children's Hour) 的詩，同時他翻譯了但丁的《神曲》。這些工作讓他忙得一刻也閒不下來，使他從悲傷中擺脫出來，重新獲得了健康的心境。

　　正如作家丁爾生在失去摯友亞瑟・哈蘭時説：「我必須有工作去做，不然我就會陷入絕望之中。」

　　對大眾來説，只要忙於工作，在精神上就不會出現多大的問題。下班之後，**一旦我們有可以支配的閒暇時光，憂慮這個惡魔就會來襲擊我們。**這時，我們就開始想自己是否取得了成功，生活是不是過於單調，今天老闆説的那句話是否還有其他意思。

　　無事可做的時候，通常我們的大腦一片空白。懂得物理知識的人都會明白，自然中不可能有真空的狀態。我們見到的電燈泡內部在理論上是真空的，但一旦打破電燈泡，空氣就會一擁而進。

　　當大腦一片空白時，就會有東西急於去填滿那個空間。通常甚麼會填進去呢？是你那些雜亂無章的情緒。這是因為憂慮、恐懼、仇恨、嫉妒和羨慕等情緒所具有的巨大能量會衝破思想的控制，從而瓦解我們心中所有的平靜和快樂。

　　哥倫比亞師範學院教育學教授詹姆士·默爾對此有獨到的見解:「憂慮對你危害性最大的時候,便是在你忙完一天的工作,進入休息狀態時。這時,你的思緒會凌亂起來,各種怪異的想法在你的腦海裏經過,常把一個小的錯誤想像成大的錯誤。這個時候,你的內心就像一輛空車,到處橫衝直撞,直到把自己也給毀了。去除憂慮需要讓自己忙碌起來,去幹一些有價值的工作。」

　　當然,不是只有大學教授才明白這個道理。二戰時,我從紐約前往密蘇里農場時,在餐車裏見到一位太太和她的先生,她是住在芝加哥的一名家庭主婦,她向我講述了她是怎樣消除憂慮的——讓自己忙碌起來,去做一些有價值的工作。

　　這位太太説,她的兒子在珍珠港事件發生的第二天參加了陸軍。她整天為兒子憂心如焚,幾乎到了崩潰的地步。兒子如今在哪裏?他不會有危險吧?是否正在前線?他是不是受傷了?他不會陣亡吧?

　　我問她,後來她是如何從憂慮中走出來的,她説:

　　我總找些事情讓自己忙碌起來。首先我辭退了女傭,自己承擔起全部家務,但這並沒有起到多大作用。因為我做家務總是按部就班的,對此太熟悉了,根本不用想,所以我一邊鋪床、洗碗,一邊不斷地為兒子擔憂。我意識到,我必須找一份一天到晚讓我身心都忙碌的工作。於是,我到一家大商場去當營業員。

　　情況馬上改變了，我發現自己被顧客團團包圍，他們不停地向我諮詢價錢、尺碼、顏色、布料等，讓我一分鐘也不能停下來，再也沒有時間想其他問題。到了晚上，我只想着如何能減輕一下雙腳的疼痛。一吃完晚飯，我躺在床上不知不覺就酣睡了。我再也沒時間和精力去憂慮了。

　　這位家庭主婦的經歷，像約翰·考爾·波斯所著的《遺忘痛苦的藝術》(The Art of Forgetting the Unpleasant) 裏所說的：「當人們能夠專心工作時，所產生的鎮定精神，會有利於獲得舒適的安全感以及內心的平靜和喜悅。」

　　做到這一點，將會福至心靈。

　　著名的女探險家奧莎·漢遜曾對我講，她是怎樣從憂慮和悲傷中掙脫出來的。你可能讀過她的自傳《我的冒險經歷》(I Married Adventure)，她是一位真正經歷過冒險生涯的女人。

　　馬丁·漢遜娶她為妻時，她才 16 歲，然後他們離開了堪薩斯州查那提鎮，來到婆羅洲的原始森林生活。此後 25 年，這對來自堪薩斯州的夫妻在世界各地旅行，將亞洲和非洲逐漸消亡的野生動物拍成紀錄片。

　　後來他們回美國做巡迴演講，向人們放映他們的紀錄片。一次，當他們乘坐飛機從丹佛城前往西海岸時，飛機撞到山峯上，馬丁·漢遜當場喪生，醫生們診斷奧莎將永遠癱瘓在床。醫生們對奧莎·漢遜可以說一點也不了解，3 個月後，奧莎就坐在輪椅上，在大批聽眾面前進行演講。實際上，那段時間，

她坐在輪椅上進行了一百多次演講。我問她這樣做的原因，她說：「這樣做是為了讓自己根本沒時間去憂慮、悲傷。」

奧莎・漢遜發現了 100 年前丁爾生在他的詩句裏闡述的道理：

> 讓我們在工作裏尋到安寧，不然就會陷入絕望之中。

如果我們不能一直忙着，而是在那裏閒坐，就會出現許多被達爾文稱為「胡思亂想」的東西，它們會像傳說中的鬼怪那樣掏空我們的人生，從而毀掉我們的自制能力。

人一旦忙碌起來，血液就會加速流動，從而讓你的思想變得敏銳起來。**讓自己忙碌，這是世界上最便宜也是療效最好的一種藥。**

海軍上將拜德在南極也發現了這個道理。那時他在南極冰天雪地的小屋裏孤獨地生活了 5 個月。在看不到盡頭的南極雪地裏，藏着大自然最古老的奧秘，這是一片比美國和歐洲加在一起還要大的大陸。5 個月裏，在方圓 100 英里之內，他找不到其他生命存在的痕跡。氣溫冷到當寒風吹過耳邊時，他似乎感到呼出的空氣在空中被凍成冰粒。拜德在他的著作《孤寂》(Alone) 裏，記錄了他在漫漫長夜裏受盡煎熬的 5 個月。他需要不斷地忙碌，才不至於發瘋。他在書中寫道：

> 每夜入睡前，我養成了為明天的工作提前做好準備的習慣。我安排計劃好下一步該做甚麼。例如，用一個小時去維修

逃生用的通道，用一個小時去清理那些裝燃料的油筒，用一個小時在儲藏室旁的洞穴邊再挖一個放書的地方，然後用兩個小時去維修雪櫃……

　　我用上述這些工作來打發時間的方法十分有效，讓我產生了一種可以適應這裏的一切的感覺……假如沒有事情可做，生活就失去了目標。沒有目標，心理就會失去平衡，最後令人精神崩潰。

　　我們在生活中要是為一些事情憂慮的話，不妨用古老的「工作療法」來緩解內心的壓力。李察‧科波特博士生前是哈佛大學醫學院教授，他曾經說：「身為一位醫生，當我看到許多被疑慮、猶豫、躊躇和恐懼等不良情緒困擾的人，在節奏有序的工作中得以康復，就感到無比的欣慰。工作帶給人們的勇氣，就像愛默生所倡導的『依靠自己』的論點一樣。」

　　我認識一位紐約的商人，他就是讓自己忙碌起來以至於沒有時間去想其他雜事，煩惱和憂慮再也無法光顧他了。他叫柏爾‧朗曼，是我成人教育班的學員。他克服憂慮的經歷十分有趣，讓我記憶猶新。下課後，我請他吃晚餐，我們在餐廳裏聊到深夜，探討他的經驗。下面是他向我講述的故事：

　　18年前，我因憂慮過度而患上了失眠症。那時我十分壓抑，常常莫名其妙地大發脾氣，內心惶恐不安，我已經快要精神崩潰了。

　　當時，我是王冠水果公司的財務主管，公司投資了50萬

美元生產草莓罐頭。20 年來，我們一直將這種罐裝的草莓銷售給生產雪糕的廠家。忽然有一天，我們的銷售量急劇下降，原來，一批雪糕製造商為了降低成本和增加產量，轉而去市場上購買桶裝草莓。

我們根本無法將價值 50 萬美元的草莓銷售出去，不僅如此，根據已經簽訂的合同，在一年之內我們還要再買進價值 100 萬美元的草莓。我們已經從銀行貸款 35 萬美元，這將使我們無法償還這批資金。這些事使我憂心忡忡。

我趕到公司在加州的工廠，向董事長說明市場上的情況已發生突變，請他認清我們即將面臨破產命運的形勢。然而他不肯相信這一切，而把責任全部推到紐約公司所有業務員身上。

通過幾天的努力之後，我最終說服他停止生產這種包裝的草莓，將那些新鮮草莓供應到舊金山鮮果市場上賣。這樣，我們的大部分困難得到了解決。此時我知道不應該再憂慮了，然而我卻做不到這一點。憂慮是一種惡習，一旦染上就無法擺脫。

我趕回紐約之後，每一件事情都讓我擔心，公司從意大利購買的櫻桃和在夏威夷購買的鳳梨等，都讓我感到十分擔心、無法入睡，真的走到了精神崩潰的邊緣。

在絕望之中，我改變了原來的生活模式，結果我的失眠症消失了，也不再憂慮。我把自己全部的精力和時間都用在工作上，根本抽不出時間去憂慮。以前我每天工作 7 個小時，現在我工作 15、16 個小時。從清晨 8 點到辦公室，我一直忙到

深夜，並開始肩負起其他工作。當我忙完這些工作，深夜回家時已經非常疲勞，躺在床上不久就進入了夢鄉。

3個月過去後，我改掉了憂慮的習慣，重新恢復到每天工作7、8個小時的正常狀況。這事情已經過去了18年，從此以後，我再也沒有失眠或憂慮過。

蕭伯納有句話說得好：「許多人的人生之所以不快樂，是因為他們有太多的空閒去想自己是不是幸福。」所以，沒有必要去想它，讓自己在工作中忙個不停，你的血液自會加速循環，你的頭腦也會更加聰明。讓自己忙碌，是世界上治療憂慮最物美價廉的一劑良藥。

戒除慣性憂慮的第一項原則：

讓自己忙起來。只有忙碌，才能讓人從憂慮的深淵中走出來。

卡耐基心得 Dale Carnegie's Tip

讓自己忙碌，是世界上治療憂慮最物美價廉的一劑良藥。

不要因為瑣事而煩惱

生活中許多煩惱都是自找的，
因為我們過於看重那些瑣事，
結果反而被它弄得煩躁不安。
不要讓自己被那些生活中的瑣碎小事而困擾。

人生只有短暫的幾十年時光，但很多人把不少時間浪費在一些很快就會被人遺忘的瑣事上。這裏有一個讓人終身難忘的戲劇性故事，是新澤西州的羅勒·摩爾告訴我的：

1945 年 3 月，我得到了有生以來最大的教訓。當時我們的貝耶號潛水艇正行駛在中南半島附近水域 276 英尺深的海底下。潛水艇上有 88 名艇員，我們的雷達發現，有一隊小型日本艦隊正朝潛水艇駛來。黎明時，潛水艇開始上浮尋找進攻機會。我從潛望鏡中觀察到一艘日本驅逐艦、一艘油輪和一艘佈雷艦。我們向驅逐艦發射了三枚魚雷，但均未擊中目標。驅逐艦並未發現自己正受到攻擊，仍然向前行駛。正當我們計劃攻擊航行在最後的佈雷艦時，它卻突然調過頭來，徑直向我們的潛水艇駛來。原來有一架日本飛機發現了在 60 英尺深水

下的潛水艇，立即將我們的具體位置通告了那艘佈雷艦。我們緊急下潛到 150 英尺的深水中躲避偵察，並應對接踵而來的深水炸彈。我們緊急關閉了全部的艙蓋，為了防止潛水艇發出聲響，我們把所有的電扇、冷卻裝置和電動機都關掉了。

3 分鐘過後，我們一下子好像置身於恐怖的地獄之中，有 6 枚深水炸彈在我們四周爆炸，其爆炸的威力將潛水艇推到 276 米深的海床上。當時我們極度恐懼，在不到 1,000 英尺深的海水裏受到攻擊會有很大的危險，如果不到 500 英尺，幾乎是在劫難逃，而現在我們在僅僅 250 英尺深的水裏受到攻擊。這好比一個人躲藏在水裏，而水只淹到他的膝蓋。那艘佈雷艦不斷地向下投深水炸彈，攻擊長達 15 個小時之久。如果深水炸彈在離潛水艇 17 英尺距離之內爆炸的話，潛水艇就會被炸出一個洞來。在我們四周，一顆顆深水炸彈在離潛水艇 50 英尺左右的地方爆炸着。我們遵守安全命令，躺在床上靜止不動。我驚恐得甚至無法呼吸，想「這下完蛋了」。電扇和冷卻系統全部關閉之後，潛水艇的溫度迅速上升，達到華氏 100 度，然而我因害怕而全身發抖，穿上了一件毛衣，外加一件夾克，還是冷得直發抖。我的牙齒抖動得咯咯作響，渾身上下直冒冷汗。深水炸彈持續攻擊了 15 個小時後，突然停了下來。很明顯，日本的佈雷艦在用完全部深水炸彈後，撤離了這片水域。

這 15 個小時讓我覺得簡直像有 150 萬年之久。這段時間我回憶了過去所有的生活，想起了從前幹過的全部壞事，以及我曾憂慮過的那些瑣事。在我參加海軍前，我曾做過銀行職

員，那時我總為工作時間太長、薪水太低、沒有多大前途等小事而憂慮。我曾經擔心自己無錢購房子，無錢購買新車子，無錢給妻子買時裝。我對我從前的銀行老闆十分反感，他不時地挑我的錯。我記得每當我拖着疲憊的身子回家時，經常為一些小事和妻子爭吵不休。我還為在一次車禍中留在額頭上的那塊傷疤而苦悶。

多年前為之憂慮、煩惱的大事在炸彈聲中變得渺小了，就在那個時刻，我對自己發誓，如果我還能夠活着離開潛水艇重見天日的話，我將絕不再憂慮了，不會！永遠都不會！永遠永遠都不會！在潛水艇中那恐怖的 15 個小時所學到的東西，遠比我在大學 4 年裏從書本上學到的還要多。

我們常常能夠無所畏懼地面對生活中那些大的災難，然而卻被一些瑣事困住了手腳。例如，賽姆爾‧佩布西在他的日記裏，記述了他見到哈利‧維尼爵士在倫敦斷頭台上被砍頭的整個過程：維尼爵士被推到斷頭台後，並沒有請求有關官員饒他一命，而是要求劊子手下手利索些，別把刀砍在他脖子那個腫痛的傷疤上。

白德上將在南極嚴寒漆黑的長夜中也發現了這一點，他的助手常常被一些瑣事搞得非常疲憊。

他們面臨種種危險和艱辛，在零下 80 度的環境中工作而毫無怨言。可是，白德上將卻發現，他們中有好幾個人互不理睬，懷疑對方亂放東西擠佔了自己的地方。隊裏有一個人，每

口食物必須咀嚼過 28 次才咽下去。另外一個人則要在大廳裏找一個無人看見他的地方，才肯吃飯。

在南極的營帳中，就是這類瑣事把最為健壯的人逼到了發瘋邊緣。

你還可以加上一句話：生活中的瑣事，如果常在夫妻生活裏發生，同樣會讓人精神崩潰，因為它造成了「世界上一半以上的傷心事」。

芝加哥的約瑟夫‧薩巴斯法官在判決了 4,000 多件婚姻糾紛案件之後説：「婚姻生活不幸福，常常是由那些生活中的瑣事引起的。」紐約州地方檢察官法蘭克‧霍根也説過：「在刑事案件裏，有一半以上都是由一些瑣事引起的：在酒吧裏逞強、家庭中的口角、侮辱的言語、粗魯的行為……正是這些瑣事，引起了爭鬥與謀殺。天性殘忍的人極其少見，那些人生悲劇只是由於自尊心、虛榮心受到了一點小傷害而引起，但它卻造成了世界上一半的傷心事。」

羅斯福夫人初嫁時每天都為一件事情煩惱，那就是新來的廚師飯菜做得非常差。羅斯福夫人説：「如果是現在出現這樣的事情，**我聳一聳肩也就過去了。**」

太棒了，這樣的做法標誌着一個人的成熟。就連最獨裁的凱瑟琳女王，在廚師把飯做糟了時，也是一笑了之。

有一次，我與妻子在芝加哥一位朋友家裏吃飯。這位朋友切菜時沒有切好，當時我沒有注意到這一點，即使我看到了，

也會不以為然。然而他的妻子看見了，當場就大聲指責他：「約翰，瞧瞧你會做甚麼呢！你真的永遠也學不會切菜嗎？」

隨後她對我們說道：「他總是犯同樣的錯誤，一點也不專心。」或許他的確沒專心做，但是他卻能與他的妻子生活 20 年之久，實在令我欽佩。說實在話，我寧願在祥和的氣氛下吃塗有芥末的熱狗，也不願意在他人的責備聲中去吃山珍海味。

那件事情過去後不久，我和妻子請了幾位客人來家裏共進晚餐。在他們即將到來的時候，妻子突然發現有三條餐巾與桌布的色彩不匹配。

妻子後來告訴我說：「我發現後立即趕到廚房，可廚師已將另外三條餐巾送到洗衣店去洗了。客人一會兒就到，已經來不及更換了，我急得差點哭了。我轉念一想：『我不必為此事憂慮吧，沒有必要讓它毀掉這個夜晚』。於是我便入席就座，決心愉快地享受晚餐，結果我做到了。我寧願讓我的客人說我是一個散漫的家庭主婦，也不願讓他們以為我是一個神經質、脾氣壞的女人。而且，當時並沒有一個人注意到餐巾不匹配的問題。」

大多數時候，如果想擺脫一些瑣事引起的煩惱，只要我們轉變看法，換一個角度去看世間的事物，就很容易擁有一個愉快的心情。我的朋友荷利‧克羅伊是一位作家，他向我講述了他的親身經歷。

以前每當他坐在書桌前寫作時，暖氣管裏所發出的難聽聲響，都讓他忍無可忍。荷利‧克羅伊說：「然而，有一次我和幾

個朋友在野外宿營，當我聽到乾柴燒得劈啪作響的聲音時，忽然聯想到這聲音與暖氣管裏的聲音多麼相似啊，我為何會喜歡這種聲音而厭煩那種聲音呢？在回家的路上我對自己說：『乾柴燃燒時的爆裂聲讓人覺得非常好聽，暖氣管裏的聲音也非常相似嘛！我該安心睡覺了，因為這些聲音並不是噪音。』

「結果我做得很好，開始幾天我還能注意到暖氣管裏的水聲，但沒過多久，我就把這種聲音完全忽略了。」

生活中許多煩惱都是我們自找的，因為我們過於看重那些瑣碎之事，結果反而被它弄得煩躁不安，**這一切都是因為我們誇大了那些小事的重要性。**

英國的狄士雷利首相說過：「生命太短暫，再也不能陷進小事之中。」安德烈·莫里斯在《星期》雜誌上撰文說：「這句人生格言曾經幫我擺脫過很多苦惱。我們經常被生活中的一些瑣碎之事困擾，本應該對它們置之不理，卻被它們緊緊抓住而弄得十分煩惱。我們每一個人在這個世界上只有短暫的幾十年時光，卻耗費了不少時間，去為一年之後就會被人們忘得一乾二淨的瑣事而苦悶。不應該這樣，讓我們將自己有限的生命用在有價值的事情上，為偉大的理想、真摯的感情和真正的事業去奉獻吧！因為生命短暫，不該再為那些瑣事而消耗時間。」

即使像作家吉布林這樣著名的人物，有時候也遺忘了「生命是如此的短暫，不能再為瑣事消耗」的格言。結果怎樣呢？他和妻弟打了一場維爾蒙有史以來最著名的官司，後來有一本《吉布林在維爾蒙的糾紛》(Rudyard Kipling's Vermont Feud)

的書全面講述了這一事件的經過：

　　吉布林娶了一位維爾蒙女子卡洛琳‧巴里斯特為妻，在維爾蒙的布拉陀布羅建了一座漂亮的房子，他們過得非常幸福，準備在那裏長期定居下來。他的妻弟貝提‧巴里斯特成為吉布林的密友，他們倆無論工作還是遊玩都在一起。

　　後來，吉布林從貝提手中購買了一塊地，雙方商定，貝提可以隨時在那塊地上收割牧草。然而有一天，貝提發現吉布林要把那片土地建成一座花園，他頓時怒火中燒、暴跳如雷起來，吉布林也毫不示弱，整個維爾蒙被他們弄得天昏地暗。

　　幾天之後，當吉布林騎着自行車出去遊玩時，貝提駕着一輛馬車突然橫穿馬路，使吉布林從自行車上摔了下來。此時的吉布林已經忘記自己是曾寫過「眾人皆醉，你當獨醒」的人，他也失去了自制力，將貝提告到了法院。接着一場官司轟動全國，各大城市的報紙記者都擁到這個小鎮，消息很快傳遍了全世界。事情最終不了了之，這件事情過後，吉布林夫婦被迫永遠離開了他們在美國的家。

　　古希臘政治家伯里克利在 2,400 年前說過：「站起來吧，各位！我們在瑣碎的小事情上談得太久了。」的確，我們還是積習難改。

　　哈利‧愛默生‧弗斯狄克博士曾講了一個極有寓意的故事，這是有關森林中的一棵大樹在幾百年的成長歲月中如何取勝、如何失敗的故事。

　　在科羅拉多州的古隆斯山上，橫臥着一棵巨大的枯樹。植物學家告訴我們，它已有 400 多年的樹齡。剛長出來的時候，哥倫布才剛登上美洲大陸；第一批移民定居美國的時候，它仍是一棵小樹。在漫長的歲月裏，它曾先後被雷電擊中了 14 次。400 年來，它經歷過無數風雪和暴雨的侵襲，仍頑強地挺立着。然而，當它遇到一批甲蟲攻擊時卻倒下了。這批甲蟲先蛀食樹皮，隨後漸漸蛀咬樹幹，從而摧毀了樹木的生機。這棵森林中的巨樹，久經風霜雪雨的洗禮、雷鳴電閃的擊打，依然生機勃勃，最後卻被一群用手指就能對付的小昆蟲吞食而轟然倒下了。

　　我們不也是那棵經歷歲月風雨的巨樹嗎？我們頑強地應對了歲月中無數風霜雪雨和雷鳴電閃的侵襲，然而，我們的身心卻讓憂慮的「小昆蟲」吞噬。其實，我們完全可以在此之前，用手指把這些憂慮的「小昆蟲」捏死。

　　戒除慣性憂慮的第二項原則：

　　不要讓自己被那些生活中的瑣碎小事困擾。

卡耐基心得 Dale Carnegie's Tip

　　如果想擺脫一些瑣事引起的煩惱，只要我們轉變看法，換一個角度去看世間的事物，就很容易擁有一個愉快的心情。

戰勝憂慮的法則

讓我們翻看記錄，然後問自己：

根據概率推斷，

我正在憂慮的事情一定會發生嗎？

事實上很多的憂慮都是出自個人的想像，

而並非源於現實。

　　我從小生活在密蘇里州的一個農場上，有一天，在幫母親採摘櫻桃時，我開始哭了起來。媽媽問：「孩子，你到底有甚麼好哭的啊？」我哭着回答：「我害怕自己會被活埋掉。」

　　那個時候，我整天憂心忡忡。閃電的時候，我害怕被雷電劈死；日子艱難的時候，我害怕會餓死；我還擔心死後要進地獄；我還害怕一個比我大的名叫詹姆‧懷特的男孩，擔心他會割掉我的耳朵，因為他曾這樣威脅過我；我擔心我向女孩子脫帽致敬時她們會嘲笑我；我還擔心以後沒有一個女孩子願意做我的妻子；我還害怕結婚後我和妻子沒有共同語言。我想像那天在鄉下的教堂裏舉行完婚禮之後，我們乘坐着一輛漂亮的馬車回到農場，但在回去的路上，我該對妻子説些甚麼呢？該如

何說呢？我在農田裏的時候，通常會花好幾個小時來想這些令我憂慮的事情。

長大後我才發現那時所憂慮的事情，**有 99% 是絕不可能發生的。**我兒時害怕被雷劈死，但現在知道了據有關部門統計，每年遭雷擊死亡的人大概只有三十五萬分之一。我害怕被活埋的想法更顯得可笑，我沒料到即使是在木乃伊流行的年代，也只有一千萬分之一的人可能被活埋。然而，以前我卻為此事而害怕得哭泣。

據說現在每 8 個人中就會有 1 個人死於癌症。假如我一定要為甚麼事情發愁的話，我應當擔心的是癌症，而不是被雷電劈死，或者被活埋。當然，我剛才說的只是我在童年、少年時所憂慮的事情。然而，我們許多成年人的憂慮也差不多同樣的幼稚可笑。如果我們能夠根據概率來評估我們的憂慮是不是多餘，就能夠把其中十分之九的憂慮取消掉。

世界著名的保險公司倫敦蘇艾得保險公司，就是根據人們對一些幾乎不可能發生的事情的擔憂心理而賺取大量財富。這家公司似乎在跟人們打賭，說他們所擔憂的災難是不可能發生的。當然，他們不稱那是「賭博」，而美其名曰「保險」。

事實上，這是以概率為依據的一種賭博。這家保險公司有 200 年的歷史，除非人的本性發生轉變，否則它還將長久地存在下去。

如果我們了解一下概率，我們就不再害怕：例如，假設我

在 5 年之內知道會有一場像蓋茨堡戰役那樣悲慘的仗要打，我必定會嚇一大跳。我會設法去購買人壽險，還會寫一份遺囑安排後事。我會自言自語說：「我很難從這場戰爭中活下來，所以，在這 5 年裏，我得盡情享受生活。」然而實際上依據概率，在日常生活中 50 至 55 歲的人中，每 1,000 個人裏死亡的人數和參加蓋茨堡戰役的 163,000 軍人的陣亡率完全相同。

我在加拿大洛基山波爾湖邊寫完這本書的幾個章節，夏日的某一天，我在波爾湖邊遇見了赫伯特‧賽林格夫婦，賽林格夫人優雅恬靜、十分樂觀，她給我的印象像是未曾憂慮過。

一天夜裏，我們坐在爐火前，我問她曾經為甚麼事情而煩惱過沒有。她回答說：

煩惱過沒有？我的生活曾經幾乎被憂慮毀掉了。在我沒學會克服憂慮以前，我在自尋的苦惱中度過了 11 年的漫長歲月。那時我常大發脾氣、性格暴躁，整天生活在緊張的氣氛中。每個星期，我都乘車從聖馬提奧的家到舊金山去買日用品，即使是在購物的時候，我也非常憂慮：我出門時是否忘了關掉電熨斗了；家裏是不是要發生火災；女傭是不是丟下孩子不管了；孩子騎着自行車出去是不是被汽車撞了。我時常因憂慮而背脊冒冷汗，只好匆忙趕回家，而家裏的一切都安然無恙，這就是我的第一次婚姻在不良情緒中破裂的原因吧。

我的第二任丈夫是名律師，他的性格十分穩重，能夠對事情進行深入分析，從不為任何事情憂慮。每當我緊張憂慮

時，他就安慰我說：「不要緊張，讓我來分析分析，你究竟在為何事擔心？讓我們來看看，你所擔心的事情發生的概率是多少？」

例如，我記得有一次，我們從新墨西哥州阿布庫基駕車前往卡斯巴德卡文斯，途經一條土路時，遇到了一場可怕的暴風雨。

車輪在泥濘裏打滑，車變得很難控制，我想我們肯定會滑到路邊的泥溝裏，但丈夫不停地對我解釋道：「我已經把車開得很慢了，不會出甚麼大事的。就算車子滑到溝裏，我們也不可能會受傷。」他的冷靜和自信讓我鎮靜了下來。

有一年夏天，我們去加拿大的洛基山托昆峽谷野外宿營。一天夜裏，在海拔 7,000 英尺的山上，我們躲於營帳裏，突然襲來的暴風雨似乎要把我們的帳篷撕成碎片。帳篷是用繩子綁在木樁上的，外面的帳篷布在狂風中搖動，發出震耳的聲響。我一刻也不能放鬆下來，擔心我們的帳篷會被狂風吹翻。當時我非常恐懼，但丈夫不斷地安慰我：「親愛的，我們有幾個經驗豐富的印第安嚮導，這些人對這裏的一切都十分了解，他們所住的帳篷已在這片山地裏搭建多年了，這個帳篷至今還沒有被吹毀。從概率上看，今天夜裏也不可能被吹毀。即使它真的被吹毀，我們還可以轉移到另外一個帳篷裏，所以沒有必要恐慌。」我的心情頓時放鬆了下來，結果後半夜睡得十分香。

當時小兒麻痺症在加利福尼亞州一帶流行，如果是幾年前，我一定會驚慌失措。這次有我丈夫開導我，讓我保持了鎮

靜。我們採取了周密的預防措施：讓小孩子遠離公共場所，暫時不去學校或影院。我們從衛生局那裏得知，即使是在小兒麻痹症發病的高峯期，整個加利福尼亞州也僅有 1,835 名兒童患上此病。在正常情況下，平均人數也在 200 到 300 之間。從概率上分析，一個孩子感染此病的機會其實很小。

「根據概率，這件事情很難發生。」這一句話消除了我 90% 的憂慮。20 年來，它讓我過上了平靜而愉快的生活。

幾乎所有的憂慮都是出自個人的想像，而並非源於現實。回顧過去的生活，我發現我絕大多數的憂慮都是由此而來的。詹姆·格蘭特告訴我，他的經驗也是如此。他是紐約佛蘭克林市場格蘭特批發公司的董事長，他每次要從佛羅里達州買 10 至 15 車的橘子。

他告訴我，他從前經常想些愚蠢的問題，例如，萬一車輛出事了，我的水果滾得滿地都是怎麼辦？如果汽車過橋時，橋突然斷了如何處理？其實水果都已買過保險，但他依然擔心水果因不能按時送到而失去銷售市場。他為此憂慮過度，患上了胃潰瘍，因此去看醫生。醫生告訴他，他的身體沒有其他的疾病，這一切皆因精神過度緊張而起。他對我說：

直到這時我才如夢初醒，開始反省一些事情：「動動腦筋，詹姆·格蘭特，這些年來你運送過多少車的水果？」答案是：「大約有 25,000 車次。」然後我自問：「出現過幾次車禍？」答案是：「看吧，可能是 5 次吧。」跟着我反問自己：「一共

25,000 輛車，只有 5 部車出過事，這意味着甚麼呢？事實上出事的概率是五千分之一。」從概率上看，實際上車輛出事的可能性只是五千分之一，還有甚麼讓你擔心的呢？

然後我對自己說：「格蘭特，即使橋會塌垮下來，在過去，你究竟有幾輛車是因橋塌垮而出事故的呢？」答案是：「一部都沒有。」我再對自己說：「那你為一座從未塌垮過的橋、為五千分之一的車輛出事概率憂慮而得胃潰瘍，這不是太不值得了嗎？」

當我回過頭來看這件事情，我認識到自己以前的確很傻。於是，我決心從那一刻起，以後再遇到甚麼事，一定看看它發生的概率。自此以後我不再憂慮，再也沒有被「胃潰瘍」困擾過。

阿爾‧史密斯當紐約州長時，我經常聽到他面對政敵的攻擊時說：「讓我們翻看記錄……讓我們翻看記錄吧。」然後，他將許多事實陳述出來。當你為一些事情憂慮時，不妨學一學有智慧的阿爾‧史密斯，讓我們來查看以前的記錄吧，從中看出我們的憂慮有沒有事實依據。當年弗萊德雷‧馬克斯泰正是這樣做的，那時他正躺在戰壕裏，十分害怕。下面是他在紐約成人教育班上所講的故事：

1944 年 6 月，我躺在奧馬哈海灘一個散兵戰壕裏。當時我是 999 信號連的隊員，當我們抵達諾曼第時，我看着地面一個個長方形的散兵戰壕，自言自語道：「這看起來真像是一座

墳墓。」當我躺在散兵戰壕入睡的時候，感覺自己就像躺在一座墳墓裏，我不禁對自己說：「或許，這就是埋葬我的墳墓。」這天夜裏 11 點鐘，德軍的轟炸機飛過來了，炸彈從空中傾瀉下來，我嚇得魂不附體。轟炸的前三天我根本無法入睡，到了第四、第五天夜裏，我的精神幾乎要崩潰了。我明白，如果想不出應對的辦法來，我就會徹底瘋掉。所以，我告誡自己說：「五個夜晚已經過去了，我不是還安然無恙地活着嗎？並且我們這個小組的人員也都活着，只有兩個人受了些輕傷。他們受傷的原因並不是中了德軍的炮彈，而是被我方高射炮的碎片誤傷。」我下定決心做一點有益的事情，來排解心中的憂慮。於是，我在散兵戰壕上搭起了一層厚木板，來防止被碎彈片擊傷。另外，我告訴自己：「除非炸彈直接命中這個狹窄的散兵戰壕，我才會被炸死。」然後，我估算出直接命中的概率最多只有萬分之一。這樣過了兩三個夜晚之後，我徹底平靜下來，當敵機再來襲時，我也能安然入睡。

美國海軍常採用概率統計出來的數字，來穩定軍心。有一個曾當過水兵的人對我說：

當我和一群人被分到運汽油的油輪上服兵役時，我們全都恐懼得要命。因為我們認為一旦它被魚雷擊中，所有人都無法逃生。我們幾乎都無法接受這一事實，不能讓自己平靜下來。

海軍司令部得知這一情況後，立即公佈了一組準確的統

計數據，這組數據顯示，100 艘被魚雷擊中的油輪裏，有 60 艘並沒有沉沒，而沉到海裏去的 40 艘油輪裏，只有 5 艘是在 10 分鐘之內沉入海中的。這說明發生事故時，還是有足夠的時間來逃生，而且傷亡的人員並不多。當了解了這組數據所顯示出的發生危險的概率後，我再也不感到憂慮了。船上士兵的情緒又高漲起來，根據概率我們會有很多逃生機會，而死在油輪上的機率的確很小。

戒除慣性憂慮的第三項原則：

讓我們翻看記錄，然後問自己：根據概率推斷，我正在憂慮的事情一定會發生嗎？

卡耐基心得 Dale Carnegie's Tip

如果我們能夠根據概率來評估我們的憂慮是不是多餘，就能夠把其中十分之九的憂慮取消掉。

直面難以避免的事實

出自內心接受已經發生的事實，
是應對接踵而來的連串不幸的第一步。
勇於面對生活，
我們就能夠承受一切災難和悲劇，
並走出它們的陰影。

　　小時候，有一次我和幾個小夥伴在密蘇里州一間破舊的老木屋的樓台上玩耍，我站在樓台的窗戶邊，倒吸一口氣，飛身向下跳。可是，我可憐的左手食指上戴着一枚戒指，當我往下跳的時候，戒指正好被一枚鐵釘鉤住，結果我的整個食指被折了下來。

　　我驚恐地尖叫起來，簡直嚇壞了，認為自己這下好不了。但當我的手指恢復之後，我就從沒有為它煩惱過。再去煩惱又有何益呢？我已經接受了所發生的不幸。

　　如今，我甚至不去想我的左手只剩下了 4 隻手指。幾年前，我在紐約商業中心一座大樓裏坐電梯的時候，遇到一個左手齊腕全部被切除的人，我問他是否為缺少一隻手而憂慮，他

回答說：「噢！沒有關係的，我現在幾乎注意不到它。只是在穿針時，因為找不到人幫助，我才會記起這件事情。」

刻在荷蘭阿姆斯特丹一所 15 世紀的教堂遺址上的一行字，讓我記憶猶新。那是一句刻在石柱上的法文格言：**「事情既然是這樣，就不會是別樣的。」**

在我們的人生道路上，必將會遇到一些讓人煩惱的事情，事情既然已經是這樣，就不會是別樣的。在生活中，我們只有不時調整心態去接受一些不可迴避的事實。如果我們拒不接受這些事實，那麼憂慮就會向我們襲來，直到將我們折磨得精神崩潰。

我所尊敬的哲學家威廉・詹姆斯告誡人們：「要出自內心承認已經發生的事實。接受已經發生的事實，是應對接踵而來的連串不幸的第一步。」

住在俄勒岡州波特蘭的伊莉莎白・康妮，在經歷過一系列的痛苦之後才領悟到了這一點。下面是她寫給我的信：

當美國歡慶陸軍在北非大獲全勝的那一天，我收到了一封來自國防部的電報，我生命中最親的侄兒在一次戰鬥中失蹤了。沒過多久，我又收到另一封電報，告訴我他已經犧牲了。在此之前，我一直感到自己很幸運，很滿意我的工作，並把我的侄兒撫養成人。看着他體現出年輕人所具有的一切良好品質。我認為我從前所付出的一切，現在得到了豐厚的回報。然而那份電報將我整個精神世界都擊碎了，令我沉浸在悲痛之

中，我已經失去了活下去的信念，對工作再也提不起興趣，對朋友也失去了熱情。我感到一切都完了，變得既悲傷又怨恨。為甚麼我深愛的侄兒會在戰爭中死去呢？為甚麼這樣優秀的青年在還未來得及開始他美好的生活時，就犧牲在戰場上呢？我無法面對這個事實。由於過度悲傷，我決定辭掉工作，離開我所居住的城市，去過隱居生活。

就在我清理材料準備辭職時，我發現了一封塵封已久的信。這是幾年前母親去世時，我侄子寄來的一封信，我差不多已經忘了這件事。

「當然，我們都會懷念她，特別是你，但我相信你會振作起來。你的人生觀會幫助你渡過難關。無論我在哪裏，無論我們相距有多麼遙遠，我永遠都會記得你的教導，微笑面對生活，像一個男子漢般勇敢承擔生活的責任。」

我一遍又一遍地讀着這封信，好像此時他就坐在我的身旁，正在和我談心。他似乎在對我說：「你應該按照你教導我的那樣去做，無論在生活中發生了甚麼，你都應該堅持下去，用微笑驅散心中的悲傷，勇敢地生活下去。」

因此，我又回到了工作崗位。我開始對人熱情起來，並不斷提醒自己：「侄子已經死了，我不可能讓他復生，但是我能夠按照他所期待的那樣，繼續生活下去。」

我開始把精力都投入到工作中去。我給前線的士兵寫慰問信，他們也是優秀的青年。我晚上去參加成人教育班，尋找新的生活樂趣，認識新朋友。我甚至不能相信在我身上產生的種種改變，現在我已漸漸走出了悲傷，生活裏充滿了歡樂，

這一切都是我的侄子希望我做到的。我在生活中尋找到了平靜，接受了那些不可避免的事實，過上比以往更充實更豐富的生活。

伊麗莎白・康妮領悟到了我們所有人早晚都要學會的道理，也就是說，我們必須學會**坦然面對那些不可避免的事實**。這樣做並不是太容易，即使是掌管江山的皇帝，也得不斷提醒自己這樣做。英王喬治五世在白金漢宮的書房中掛着一幅字：「不要為天上的月亮哭泣，也不要為打翻在地的牛奶而後悔。」哲學家叔本華也這樣說過：「能夠接受那些不可避免的事實，是你踏入人生旅途中最重要的一課。」

顯然，環境自身並不能主導我們的喜、怒、哀、樂，我們對周圍環境的態度才是決定我們處境的關鍵。

勇於面對生活，我們就能夠承受一切災難和悲劇，最終走出對我們人生不利的影響。或許我們會認為自己做不到，事實上，我們心靈的力量遠遠超出我們的想像，只要我們正確運用，就會幫助我們渡過難關。

已故小說家史恩・塔金頓的座右銘是：「我能夠接受生活中所發生的一切，但唯一不能夠接受的事情是失明。」可是在他 60 歲時，忽然有一天，當他低頭看着地毯時，卻感到眼前一片模糊、暗淡，他無法看清地毯上鮮豔的圖案。他去看眼科醫生，診斷出來的結果非常不幸：他有一隻眼睛已經接近失明了，另一隻眼睛也會緊接着失明。他最擔憂的事情，終於降臨到他

的身上。

　　然而，塔金頓如何應對這「最可怕的災難」呢？他是否認為「這下完了，我的末日已經到了」呢？沒有，出人意料的是，他依然能夠談笑風生。以前，飄浮的「黑斑點」令他非常難受，它們在他眼前動時會遮住他的視線，但現在，當那些大的黑斑點在他眼前飄過時，塔金頓已顯得很幽默，他會說：「嘿！這個老傢伙又來了，這麼好的天氣，他又要到哪裏去呀？」

　　完全失明後，塔金頓說：「我發現自己能夠坦然接受失明這個事實，這與一個人承受其他事情沒有甚麼不同。假如我的五種感官全部喪失了，我仍能夠繼續生活在我的心靈世界裏，因為在心靈的世界裏，我們也能夠看到一切，不論我們是否認識到這一點。」

　　為了讓眼睛復明，塔金頓在一年內經歷了 12 次手術。他沒有拒絕這些只能做局部麻醉的手術，因為他懂得只能如此，無法逃避。能減輕他的痛苦的唯一方法，就是痛快地接受這一事實。塔金頓拒絕去貴賓病房，而是住進了大病房，這樣一來，他可以和其他病人在一起，並試着去開導別人。當他接受了一次又一次的手術後，他認為自己依然是幸運的。「多奇妙啊，」他說：「現在醫學已經很發達，能夠為像眼睛這樣精微的器官做手術了。」

　　對於普通人來說，如果要忍受 12 次以上的眼科手術以及承受失明的不幸，說不定早就精神崩潰了。塔金頓卻說：「對於我來說，其他快樂經歷也無法代替這一次不幸的體驗。」這次

經歷讓他學會了承受一切，也讓他明白了**人生沒有不能忍受的苦難**。正如彌爾頓所說：「失明並不可怕，可怕的是你不能忍受失明。」

要是我們因此退縮，或者是為它難過，我們也不可能改變那些不可避免的事實。但是，**我們能夠改變自己。**

我已經明白了這些道理，因為以前我就嘗試過。有一次，我拒絕承認眼前一個無法避免的事實，我像一個傻子一樣試圖去反抗它，結果它讓我徹夜失眠、苦不堪言。我讓自己回憶起所有不願回想的往事，這樣自我虐待了一年後，我最終接受了那些不可能改變的事實。

這是幾年前我讀過的一首惠特曼的詩：

啊！人們要像樹林和動物那樣，
去面對黑暗，面對風雨，
面對飢餓、嘲弄和意外打擊。

我幹了 12 年放牛的工作，還未見到過哪一頭母牛因為草地乾旱、下雪、霜凍，或者是公牛向其他母牛示愛而大發脾氣。動物都能安詳地面對黑夜、暴風雨和飢餓，所以牠們是絕對不會精神崩潰或是患上胃潰瘍的。

是不是我們遇到任何不幸都應該忍受呢？事實並不是這樣，否則就變成了宿命論者。只要我們還有一線逆轉的機會，我們就要為之努力。可是，當我們知道那一切已經不可改變時，

就應當保持理性，謹防瞻前顧後、拒不接受事實。

哥倫比亞大學霍克斯院長曾將一首兒歌改寫成他的座右銘：

世間的疾病數也數不清，
找找有沒有可救的藥方。
若有救，就把它治療，
若是無法治，還不如把它忘掉。

我寫此書的時候，曾經採訪過許多英國著名的商界人物。給我留下最深印象的是，當中大多數人都可以接受那些難以避免的事實，而過着平靜快樂的生活。假如他們不這樣面對自己的事業，那巨大的精神壓力將把他們摧垮。

下面有幾個實例：

創設全美潘尼連鎖公司的潘尼對我說：「假如我全部的資金都賠光了，我也不會憂慮，因為我知道自己從憂慮中得不到任何益處。我已經努力工作了，至於結果，我就沒有必要去想它了。」

亨利·福特也告訴過我這樣的話：「碰到解決不了的事情，我就讓它順其自然。」

克萊斯勒公司的總經理凱勒先生在接受我的採訪時說：「當我遇到很難辦的事情，如果能夠找到解決方案，我會盡力去做，如果找不到，我就只好置之不理。我從不為未來憂慮，因為我

們誰也不能預測未來會發生甚麼事情。能夠影響未來的因素非常多，誰也不知道這些因素從何而來，因此沒有必要為它們憂慮。」

假如你稱凱勒是位哲學家，他可能覺得你過獎了。他只是一個不錯的商人，但他的觀點和 1,900 年前羅馬哲學家依匹托泰德的理論基本吻合。「快樂的大道只有一條，」依匹托泰德說：「就是不要去為我們能力無法控制的事情憂慮。」

莎拉·班哈特可算是女中豪傑的代表，她是最懂得如何去面對那些難以避免的事實的人。半個世紀以來，她一直活躍在四大州的舞台上，是世界上最受歡迎的戲劇天后之一。在她 71 歲那年，她不僅破產了，而且她的醫生——巴黎的波茲教授告訴她必須把一條腿截肢。

事情的經過是這樣的：她在橫渡大西洋時遇上了風暴，被重重地摔在甲板上。結果她的腿嚴重受傷，感染了靜脈炎，並開始出現萎縮，情況非常不妙，醫生認為她的腿已經到了非截肢不可的時候了。醫生有些怕把這個不幸的消息告訴脾氣一向不好的班哈特，可結果是，班哈特看了他片刻，然後十分平靜地說：「如果非要這樣做的話，也就只能這樣了，這就是命運的安排。」

她兒子看着她被推進手術室時哭了，她向他招了一下手，面帶微笑地說：「你別走開，我一會兒就回來。」

在去手術室的途中，她朗誦了一段台詞，有人問她這樣做

是否為了鼓舞自己的鬥志，她回答説：「不，是讓醫生和護士放鬆下來，他們都有些過於緊張了。」

手術順利，當莎拉·班哈特完全康復之後，她繼續環遊世界，在長達 7 年的時間裏，讓她的觀眾繼續為她瘋狂。

索希·麥克米西在《讀者文摘》的一篇文章裏寫道：「當我們不再與那些難以避免的事實對抗，我們就能把節省下來的精力用來建設新生活。」

誰也沒有足夠的精力既能對抗難以避免的事實，又能建設新的生活。你只能擇其一，要麼就在難以避免的暴風雨中彎下腰來，要麼就與它抗爭而遭受其害。

我在密蘇里州的農場裏種植了不少樹木，它們都長得很迅速。後來，一場風雪將所有樹枝都裹上了一層厚厚的冰雪。這些枝條在重壓之下，並沒有順從地彎下身來，而是傲然挺立，最終被折斷，失去了往日的生機。我去過加拿大多次，在那裏看過長達幾百英里的常青森林，還沒有發現有哪一棵柏樹或松樹被冰雪壓斷。常青樹知道如何去應對壓力，如何彎下枝條去適應那些難以避免的事實。

在日本，柔道老師常常教導他們的學生「要如柳條般柔韌，不要像橡樹般挺直」。

你知道汽車的輪胎為何能在路上長時間奔跑，經受路途的顛簸嗎？最初，製造商想製造一種能夠抵抗路面衝擊力的輪胎，結果沒過多久輪胎就破裂了。他們汲取了教訓，重新製造

出一種能夠容忍路面衝擊力的輪胎來，這樣的輪胎才能「耐壓耐用」。如果我們在坎坷的人生道路上也能順應所有的衝擊力和顛簸，我們便能夠更長久、更遊刃有餘地駕馭人生的旅程。

如果我們不順應而去抗拒人生中遇到的衝擊力，情況會怎樣呢？答案十分簡單，這將會把我們的精力耗盡，使我們因而變得憂慮、緊張、急躁和神經過敏。如果我們一直抗拒現實世界的沉重打擊，退縮到自己所築的夢幻世界內，我們最終會走向精神崩潰。

在二戰期間，上百萬內心恐懼的士兵只有兩條路可走，要麼接受那些難以逃避的殘酷現實，要麼在恐懼的壓力下精神崩潰。我們就拿威廉‧凱西魯斯的事為例，下面就是他在紐約成人教育班上所講的一個獲獎的故事：

我加入海岸警憲隊不久後，就被派到大西洋附近一個可怕的單位擔任炸藥管理員。以前我是一個餅乾售貨員，現在突然成為炸藥管理員，只要一想到自己站在幾千幾萬噸的 TNT 炸藥上，我就會嚇得心驚膽戰。當時我只受了兩天的培訓，而在我懂得了 TNT 炸藥的威力後，內心更加恐懼。

我第一次執行任務時的感受讓我刻骨銘心。那天夜裏，天氣寒冷，霧氣彌漫，我接受命令到新澤西州的卡文角碼頭。我負責船上的第五號船艙，不得不和 5 個碼頭工人一起工作。他們每個人都十分強壯，但對炸藥卻一無所知。他們正將重 2,000 至 4,000 磅的大威力炸彈往船上裝，每顆炸彈都含有重

達一噸的 TNT 炸藥，完全可以把這條舊貨船炸得粉碎。炸彈被兩條鋼纜吊到船上，我不斷地自言自語：「萬一有哪一條鋼纜鬆了或者斷了，哦，我的上帝啊！」我害怕到了極點，渾身發抖、口中發乾，腿也軟了，心跳得非常厲害。我不能溜走，否則就成為逃兵了，不但我沒臉見人，連我父母的面子也會丟盡，並且我會因此而被槍斃。我不能走開，只能留在原地待着。我眼睛發直地看着那些碼頭上的工人，他們一點也不在乎地裝卸着炸彈，根本不理會這條船隨時都會被炸毀。

我在驚恐中度過了一個多小時後，終於恢復了理智，開始根據我所了解的一些知識去思考。我對自己說：「不要恐懼了，即使被炸死，那又怎樣？反正死時你也沒有知覺，死得痛快，這比死於癌症要舒適多了。不要像個傻瓜，人人都不免一死，你必須去幹這份工作，要不然就會被槍斃，所以你還是想開點吧。」

這樣，我跟自己談了幾個小時，漸漸平靜下來，覺得輕鬆了不少。最後，我克服了憂慮和恐懼，接受了那不能逃避的現實。

這次經歷讓我終生難忘。現在，每當我為難以改變的事實憂慮時，我就聳一聳肩說：「忘了它吧。」我感到這很有作用，至少對一個餅乾售貨員來說是這樣。

太棒了，讓我們為這位穿過軍裝的餅乾售貨員歡呼吧。

除了耶穌被釘死在十字架上，歷史上最為著名的死亡場景要算是蘇格拉底飲毒身亡了。即使經過了千秋萬代，人們依然

會捧讀柏拉圖的不朽描述——那是所有文學作品中最為淒美動人的篇章：

> 古雅典城內有一小撮人嫉妒裸足而行的蘇格拉底，他們指控了蘇格拉底，使他受審並被判處死刑。當同情他的獄卒將一杯毒液遞給他時，說道：「請暢飲這杯必飲的毒液吧！」蘇格拉底欣然遵命，他鎮靜、順從地面對死亡，絲毫不改他的稟性。

「面對這必須飲下的毒酒，請舉杯暢飲吧！」這句話出自公元前 399 年。如今，在這個充滿憂慮的世界中，我們比以往任何時代都更需要這句名言。

為了尋求排解憂慮的妙方，我幾乎翻閱了所有可以搜集到的書籍和報刊上的有關文章，諸位一定很想知道我從中發現的一條最佳排解憂慮的忠告吧。這短短數言的忠告，我們務必將它貼在衛生間的鏡子上，洗臉時即可順手洗掉心中的憂愁。這段無價的祈禱詞是美國牧師尼布林博士所寫的：

> 祈求上帝賜予我安寧的心境，
> 讓我接受無法更改的諸事；
> 給我足夠的勇氣，
> 讓我去改變能夠更改的諸事；
> 再賜予我足夠的智慧，
> 去分清這兩者的差異。

　　一個人的生活是否快樂，完全取決於他對人與事物的看法。因為，思想決定着生活的方向。

　　數年前，我去參加一個廣播節目，他們讓我找出「甚麼才是你人生中學到的最重要的一課」。這並不難，我人生中學到的最重要一課是：思想是非常重要的。只要知道一個人的想法，就能知道他是甚麼樣的人。因為每一個人的性格都是由思想決定的，我們的心理狀態，將決定我們的命運。愛默生說：「如果一個人整天想的就是這些，他就不可能是另外的樣子了。」

　　我現在已經非常清楚，我們人生所面對的最大問題，實際上也是我們唯一需要應付的問題，就是怎樣運用正確的思想。假如我們這樣做了，許多問題就會迎刃而解。羅馬帝國的統治者、偉大的哲人馬爾斯‧阿理流士，曾把其總結成一句至理名言：「思想決定了生活的狀態。」

　　沒錯，如果我們的思想裏全是愉快的想法，我們就會愉快；如果我們的思想裏全是悲傷的想法，我們就一定會悲傷；如果我們的思想裏全是一些可怕的想法，我們就會恐懼；如果我們的思想裏全是好的想法，我們就會變得很平靜；如果我們的思想裏全是失敗的想法，我們就會變得萎靡；如果過度沉浸在自憐裏，人們都不願意接近你。溫遜‧皮爾說：「你並不是你想像中的那個樣子，**但你的處境卻是你的想法造成的。**」

　　我這樣說是否在暗示：面對那些困難，我們都需要用樂觀的態度去面對嗎？事實不是這樣的。非常不幸，生活沒有那麼簡單。但是我卻鼓勵人們用積極的態度，而不要用消極的態度

去面對生活中出現的一切問題。換個角度說，我們必須關心我們所面臨的問題，但不能採取憂慮的態度。

消除慣性憂慮的第四項原則：

直面難以避免的事實。

卡耐基心得 Dale Carnegie's Tip

一個人的生活是否快樂，完全取決於他對人與事物的看法。因為，思想決定着生活的方向。

讓憂慮就此止步

當我們面對生活中某些不利情況時，
一定要設定一個「在此止步」的底線，
並確立一個正確的價值評判標準，
這樣就能馬上消除一半以上的憂慮。

　　是否有人想知道怎樣在華爾街上賺到錢？那是肯定的，成千上萬的人都想知道。如果我知道箇中秘密，這本書就該定價一萬美元了。在這裏，我可以向大家提供一種很多成功操盤手常用的有效方法。投資顧問查爾斯·羅伯茨向我講述了這個他所應用的方法：

　　當初我從德克薩斯州來到紐約時，朋友將 2 萬美元託付給我投資股市。雖然我對股票市場充滿信心，但想不到，我卻賠了個精光。雖然有幾次是賺到了錢，但最終我還是賠光了。

　　如果是我自己的錢，那倒沒有甚麼關係，但那些錢都是朋友的，雖然他們都非常富有，但我依然感到內疚。我感到自己無顏去見這些朋友，但出人意料的是，他們不僅沒有沮喪，而且對前景非常樂觀。

　　我開始認真回顧自己投資失誤的原因，分析之後，我決定在進入股票市場之前，一定要先對整個股票市場有充分的了解。於是我開始與一位非常成功的分析專家波頓・卡瑟斯交往，我相信他能教我許多有用的知識，包括他的成功經驗。而我知道，像他這樣成功的人，決不是僅僅憑藉機遇和運氣就能做到的。

　　首先他向我提了幾個問題，問我以前的策略。隨後，他向我傳授了一個最為重要的股票交易原則。他告訴我：「我在市場上每買一隻股票，都要設定一個到此為止、不能再賠的底線。例如，如果我買的股票每隻價值 50 美元，我規定的不能再賠的底線會是 45 美元。也就是說，萬一股票開始跌價，最遲在跌到 45 美元時就必須賣出去，這樣我的損失不過是 5 美元。」

　　「假如你最初買的眼光好的話，」波頓・卡瑟斯繼續說道：「每股你可能賺到平均 10 美元、25 美元，甚至 50 美元。因此，你的損失永遠不會超過 5 美元。即使你一半時間都在賠本，最終你還是會賺很多錢。」

　　從此，我一直使用這個方法，它替我的顧客和我本人賺到了上千萬的收入。

　　沒過多久，我意識到這個「在此止步」的原則，同樣能夠用在股票市場之外的其他方面。除了理財之外，我還為自己在生活中遇到的各種憂慮與仇恨設立「在此止步」的原則，其結果真是妙不可言。

　　比如，我經常與一位非常不守時的朋友共進午餐。他時

常會讓我在餐廳裏等上半個小時後才姍姍來遲，最後我告訴他，如果再遇到這種情況，午餐就「在此止步」了。我提醒他說：「以後我等你『在此止步』的時限是 10 分鐘，如果你遲到 10 分鐘以上的話，那麼我們的午餐就會取消，你來的時候恐怕我已走了。」

天哪！為甚麼許多年以前，我沒有學會這種「在此止步」的方法？我早該把它應用在鍛煉我的耐心、我的性情、我的自我認識、我的懊惱和所有精神壓力上。為何我以前沒有想到，要克制住那些可能會摧毀我內心平靜的情況呢？為甚麼當初沒有學會對自己說：「這件事情並沒有那麼可怕，至少沒必要操那麼多心。」

不過，回想起來，至少有幾件事情我是滿意的，而且那次情況嚴重，是我有生以來的一次重大危機，那時我眼睜睜地看着我的夢想、計劃以及多年來的努力全都白費。事情的經過是這樣的：

那時我 30 歲，希望以寫小說為自己的終生職業，決心做第二個弗蘭克·瑞斯洛、傑克·倫敦或哈代甚麼的。當時我充滿了夢想，在第一次世界大戰剛剛結束後的那段日子，我用美元在歐洲生活長達兩年，當時生活費用低廉。那兩年內，我從事創作，撰寫一部叫做《大風雪》的書稿，這個書名取得真貼切，正如所有出版商對它的態度一樣冷淡。經紀人對我說，這部作品根本沒甚麼價值，甚至會讓人因此懷疑我寫小說的天

賦與才能，這讓我感到絕望，離開他辦公室的時候十分茫然，哪怕有誰用棒子來敲我的頭，我大概也不會有甚麼反應了，簡直呆若木雞。我發現自己面對的是生命的岔路口，是做重大決定的時候了。我該何去何從？我該向左還是向右？幾個星期之後，我才從迷茫中漸漸醒過神來。那個時候我並沒有聽說過「給你的憂慮設下『在此止步』的限制」的辦法，但現在回想起來，當時我正是被它救了命。我把嘔心瀝血寫作的那兩年時間，看做是一次寶貴的人生體驗，然後繼續向前。我開始重新從事組織和開辦成人教育班這一行，有空閒時間就寫一些傳記和非小說類的書稿。

我是不是該為自己做出的決定慶賀一下呢？現在，每當我回憶起那件事情，我就自得地想在街上手舞足蹈。坦白講，從那以後，我再也沒有哪一天或哪一刻懊惱過自己沒有天賦成為第二個哈代。

100 年前的某個夜晚，當一隻烏鴉叫着穿梭在瓦爾登湖畔的樹林裏時，梭羅用鵝毛筆蘸着墨水在他的日記本上寫道：「不論是在我們眼前的事物，還是明天的事物，它們的價值都是以我們的生命作為代價換來的。」

換句話說，如果我們為生活中某一件事情付出了過多的代價，我們在這件事情上就是一個傻瓜。這正是吉爾伯特和沙利文的可悲之處：他們知道如何寫出充滿快樂的詞曲，但卻不知道怎樣在現實生活中為自己尋找快樂。他們創作出不少讓世人

稱道的輕歌劇，但他們卻無法控制自己的情緒。就因為一張地毯的價錢，他們互相仇視了多年。沙利文曾經為劇院訂購了一張新地毯，吉爾伯特一看到賬單就大發雷霆，甚至將這件事鬧到了法院，從此兩個人老死不相往來。沙利文替新歌劇作完曲子後，就把曲子寄給吉爾伯特，吉爾伯特填完詞之後，再寄回給沙利。有一次，他們不得不一起到台上謝幕，他們各自站在舞台的兩邊，向不同的方向鞠躬，以免看到對方。

林肯沒有像他們那樣，而是給仇恨設立了「在此止步」的限度。在南北戰爭時期，林肯的幾位朋友攻擊他的政敵時，林肯說：「對這種私人恩怨，我的感覺反而不如你們多，也許是我太遲鈍。可是我一向認為，這樣做不值得。一個人實在不應該用半生時間來和別人爭吵，如果那個人不再挑釁，我就會不計前嫌。」

我多麼希望我的愛迪絲老嬸嬸也能有林肯那樣的襟懷。

愛迪絲嬸嬸與弗蘭克叔叔生活在一棟貸款抵押出去的農場裏，那裏土壤不好，灌溉條件也差，收成總是不行。他們的日子艱苦，生活十分節儉，可是愛迪絲嬸嬸很想買窗簾和一些小物品來裝飾空蕩蕩的家，她向密蘇里州馬利維里雜貨店賒購這些小物品。弗蘭克叔叔十分擔心他們的債務，他非常看重個人的名譽，不願意在外欠債。於是，他私下告訴店老闆，不要再賒賬給他的妻子。當嬸嬸得知這件事情後，大發雷霆，都過去快 50 年了，到現在她還不依不饒。她曾對我說起這事，不是一次，而是至少有 100 次。我最後一次去看望她，她已經年屆 80

了。我問：「愛迪絲嬸嬸，弗蘭克叔叔那樣做給您造成羞辱肯定不對，然而這件事情已經過去了 50 年，您一直都在埋怨，比起他的錯誤來，您給自己造成的傷害不是更大嗎？」

愛迪絲嬸嬸為她這些不美好的記憶，付出了過於昂貴的代價，她支付了半生平靜而美好的日子。

佛蘭克林 7 歲的時候，曾犯了一個小錯誤，讓他 70 年來都無法忘懷。

那時他喜歡上了一隻哨子，於是興沖沖地跑進玩具店，沒有和店老闆討價還價，就花光了所有的私房錢，把那隻哨子買了回家。「然後我就一路小跑回到家。」70 年後他寫信告訴朋友説：「在整個屋子裏興高采烈地吹着哨子，洋洋自得。」可是，當他的哥哥姐姐發現他買哨子多付了很多錢後，紛紛取笑他。據他後來所説：「我懊惱地哭個不停。」

很多年過去了，佛蘭克林成了美國駐法國的大使，成為世界著名的人物，他還念念不忘這件小事，因此他得到的痛苦遠遠超出那隻哨子所帶給他的歡樂。

後來，佛蘭克林在這件事情裏獲得了極大的收益：「我長大成人以後，開始觀察身邊的人時，我發現很多人都為買他們的『哨子』付出了過多的代價。也就是説，我觀察到，人類有很多悲劇都源於他們對事物價值做出錯誤的判斷，導致他們為自己的『哨子』付出了太高的代價。」

吉爾伯特與沙利文為他們的「哨子」付出了巨大代價，我

的愛迪絲嬸嬸也是，我本人在很多情況下也不能免俗。還有偉大的作家托爾斯泰，他寫出了兩部偉大的小說《戰爭與和平》和《安娜·卡列尼娜》。根據《大英百科全書》記載：托爾斯泰在他去世前的 20 年裏，「被認為是世界上最偉大的人」。這期間，崇拜者不斷地造訪他家，只是希望能有機會見他一面，哪怕只是聆聽他的聲音，即使只觸摸到他的衣角，也能感到滿足。他隨意的言談舉止都被人們記錄下來，彷彿被作為「神的啟示」。但即使在托爾斯泰 70 歲高齡的時候，他的日常生活，還趕不上 7 歲的佛蘭克林聰明，他簡直可以稱作愚蠢。我為甚麼敢如此斗膽說這種話呢？

托爾斯泰和一個他十分愛戀的姑娘結成眷屬，當初，他們生活在一起非常幸福，他們常常跪着向上帝祈禱，希望上帝能夠保佑他們永遠如神仙般一樣生活。然而，托爾斯泰的妻子天性好妒，她常裝扮成鄉下女人去跟蹤丈夫，甚至跟蹤到森林深處。因此他們發生過許多次激烈的爭吵，她甚至嫉妒起自己親生的兒女來，曾用槍把她女兒的畫像射了個洞。她發脾氣的時候會滿地打滾，拿着一瓶鴉片往嘴裏倒，聲稱要自殺，嚇得孩子哭泣着蜷縮在牆角。

結果，托爾斯泰是這樣還擊的：如果他暴跳如雷地把家具打得稀爛，這倒無可厚非，我們都能夠理解。然而他做的事情比這要更糟糕，他記了一本秘密日記！在日記裏，他不停埋怨、怪罪他的妻子，這個就是他那隻代價昂貴的「哨子」。他努力讓後代原諒自己，而把所有的過錯都推到他妻子身上。他妻子是

怎樣回應的呢？她將奪過來的日記本撕個粉碎，然後扔進火爐裏燒個精光。她也寫了同樣的一本日記，開始回擊托爾斯泰，將所有的錯誤都推到托爾斯泰身上。她甚至還為此寫了部名為《誰之錯》的小說。她在書中將托爾斯泰描寫成一個破壞家庭和睦的人，而她自己卻成為一個受難的女人。

兩個無聊的人為自己的「哨子」付出了過於昂貴的代價，用50年的時間，終於把他們的家庭變成了一個可怕的地獄。這兩個人是怎麼把他們本該溫馨的家變成了托爾斯泰所稱的「瘋人院」呢？原因不少，其中之一就是他們都太在乎別人的看法。沒錯，他們最擔心的事情不過是別人心裏會怎麼想。**生活中的我們真想弄清他們誰對誰錯嗎？當然不會，我們只有時間注意自己的問題**，而不會浪費哪怕一分鐘在托爾斯泰的家務事上。

他們沒有任何一個人說「在此止步吧」。他們誰都沒有評估過這樣下去對他們人生的損失，說：「讓這件事情馬上打住，我們不要虛度人生，讓我們一起說『夠了』吧。」

是的，我一直堅信，獲得內心平靜的奧秘所在，就在於具備正確的價值判斷標準。只要我們首先確立一個正確標準，就能馬上消除一半以上的憂慮，這個標準決定着我們為此事所付出的代價。

消除憂慮的第五項原則是，無論何時，當我們面對生活中某些不利情況時，在付出代價之前，要先問自己下面3個問題：

1、我正在面對的問題跟我有多大關係，它值得我為它如此擔憂嗎？

2、我如何在這件事上設定「在此止步」的底線，然後將它拋在腦後？

3、這隻「哨子」到底值多少錢？我是否已經多付了錢？

卡耐基心得 Dale Carnegie's Tip

如果我們為生活中某一件事情付出了過多的代價，我們在這件事情上就是一個傻瓜。

不要試着鋸那些已被鋸碎的木屑

要使過去的錯誤對我們的人生產生建設性影響，
就要冷靜地分析發生這些錯誤的根源所在，
並從中獲得經驗，
然後再把它徹底忘掉。

　　我正在寫作的時候，抬頭看着窗外，就能看見花園中堆放
的恐龍足跡化石，足跡顯露在葉岩與石面間，非常清晰。我從
耶魯大學的皮博迪博物館買來這些有恐龍足跡的化石，另附有
一份說明書，說這些足跡是一億八千萬年前的遠古留下來的遺
跡。當然，就連傻子也不會想回到一億八千萬年前去更改這些
足跡，我們也不能傻到為了改變無法更改的事實，而自尋苦惱，
但事實上確實會有不少人會去幹這種傻事。即使是 180 秒鐘以
前所發生的事情，也成為無法更改的歷史。說穿了就是：我們
可以努力改善 180 秒鐘以前發生的事情所造成的**後果**，但是我
們沒有辦法去改變當時的情形。要使過去的錯誤對我們的人生
產生建設性影響，就要冷靜地分析發生這些錯誤的根源所在，
並從中獲得經驗，然後再把它徹底忘掉。

我知道這個方法很有效，然而我是否一直有足夠的勇氣和智慧去這樣做呢？回答這個問題之前，我還是給你講講幾年前我一次獨特的經歷吧。我曾經讓 30 幾萬美元從我手中溜走，卻未能得到一分錢的收益。事情的經過是這樣的：

我開辦了一個規模不小的成人教育班，在不少城市裏都設立了分支機構，在組織和宣傳經費上，我進行了大量投資。由於授課十分忙碌，我既沒有時間也不願去過問財務問題，當時我並沒有意識到需要聘請一位優秀的財務專家來幫我理財。

結果，一年之後，一個令人費解的事實擺在我面前：我發現，儘管我們日進斗金，卻沒有一分錢的收益。在發現了這個問題之後，我應立刻做兩件事情。首先，我現在必須像科學家喬治・華盛頓・卡佛爾那樣，他在銀行倒閉後損失了 5 萬美元的存款，也就是他所有的積蓄。當別人問他是否知道自己已經身無分文時，他回答說：「是啊，我聽說過了。」然後繼續教他的書。他似乎完全忘記了這件事，從此再也沒有提起過。其次，我應該仔細分析自己所犯下的錯誤，以便從中汲取教訓。

可實際上，這兩件事我一樣都沒有做到，我反而陷入深深的懊悔與苦惱之中。我十分迷茫地度過了幾個月的時光，難以入眠，體重也驟減。我不但未能從上次的大錯中汲取教訓，反而繼續犯下錯誤，只是比那次小了一些而已。

我知道，承認自己的愚蠢的確讓人覺得丟臉，但我很早就發現：「開導 20 個人去做某一件事情，比開導自己一個人去做

某件事情還要容易得多。」我真希望自己上過紐約的喬治‧華盛頓高中，聆聽過保羅‧布蘭德威的教導。艾倫‧桑德斯先生告訴我，擔任過他生理衛生課老師的保羅‧布蘭德威博士，曾給他上了最有價值的一課：

　　那時我只有十幾歲，可是我已養成了為許多事情憂慮的習慣。我時常為自己所犯的錯誤苦惱：考試完畢後，夜晚無法入睡，咬着自己的手指憂心忡忡，擔心自己不及格；我總是回憶自己做過的事情，後悔要是當初沒這樣做就好了；總在回想自己說過的話，希望當時要是能說得更漂亮就好了。

　　那天早上，全班同學都到了科學實驗室，布蘭德威博士把一瓶牛奶放在案頭。我們都坐着呆望那瓶牛奶，不知道它與生理課有何聯繫。接着保羅‧布蘭德威突然站起來，將那瓶牛奶打翻在水槽裏，然後大聲說：「不要為打翻的牛奶而傷心。」

　　然後，他讓我們都到水槽邊，去看看那些四散的牛奶。「好好看看吧！」他告訴我們：「因為我希望你們一輩子都記住，這瓶牛奶已經打翻了，你們可以看到它都流散了，無論怎麼着急，都不能再撈回一滴。雖然只要事先小心一點，這瓶牛奶就可以保住。但現在已經來不及了，我們現在所能做的唯一一件事，就是把它完全忘掉，去做好你的下一件事。」

　　布蘭德威博士這次小小的表演，在以後的很長時間裏，都讓我念念不忘，甚至在我忘了我所學到的幾何和拉丁文之後，對它依然記憶甚深。實際上，它在現實生活中所教給我的，比我在高中三年所學到的一切還多。它教給我的是：如果

可以，就不要打翻牛奶，萬一牛奶被打翻了，就要把這件事情
忘得一乾二淨。

不少讀者也許認為，用這麼多時間來講一句老話「不要為
打翻了的牛奶而傷心」，多少有些無聊。我知道這句格言很平
常，可以說是人們的口頭禪了。然而，像這樣的口頭禪，卻是
多少年來人們在生活中形成的智慧，這是人類思想的結晶，是
世代相傳下來的生活經驗。假如你有時間去讀歷代偉大學者所
著的關於憂慮的書籍，你也難以發現比「不要為打翻的牛奶而
傷心」更深刻的箴言了。如果我們能夠按照這句話去做，而不
小看它們，我們就不需要再用這本書了。但是，**如果不去運用，
知識就難以形成價值。**

本書並沒有為你提供甚麼新的觀點，而是提醒你那些已經
明白的道理，鼓勵你在生活中加以合理地運用。

我十分佩服已故的佛雷德‧福勒‧夏德，他有一種將古老
的哲理闡述得既新鮮又生動的天賦。他擔任過一家報刊的編
輯，有一次在大學演講時，他問大家：「曾經鋸過木頭的人請舉
手！」大多數的學生都舉起了手。然後他又問道：「你們當中有
多少人曾經鋸過木屑？」這時，沒有人舉手。

「對，你們不可能去鋸木屑，」夏德先生說：「因為那些已
經被鋸過了。過去了的事也是如此，當你為那些已經做過的事
情擔心時，你好比是在鋸木屑。」

棒球明星康尼‧邁克在 81 歲時，我採訪過他，問他是否

曾經為輸球而憂慮過。

「有過。我從前經常這樣，」邁克告訴我説：「不過許多年以前，我就不幹這種蠢事了，這樣做對我沒有一點好處，磨完的粉不能再磨是吧，水早已把它們沖到下面去了。」

磨完的粉不能再磨，鋸碎的木屑也沒有必要再去鋸了。有一次過感恩節，我和傑克．戴普西一起共進晚餐。我們邊聊天邊吃火雞和果醬，他對我説，當他在重量級拳王爭霸賽中輸給希尼時，自尊心受到極大的打擊。

在拳賽中，我突然發現我不行了，幾乎像個老傢伙。到了第十回合結束時，雖然我還能勉強站着，但也只能做到這一點而已。我的臉腫得非常厲害，全身都是傷，雙眼十分難受，裁判舉起吉恩．希尼的手，宣告他獲得這場勝利。我不再是世界拳王了，我在雨中穿過擁擠的人群向更衣室走去時，一些人伸過手來想和我握手，一些人眼睛裏含着熱淚。

一年之後，我再一次與希尼打了一場比賽，結果又輸了，我的拳擊生涯就此結束。完全不去想這件事情的確很困難，但我對自己説：「我不想永遠為這件事情難過，或是為打翻的牛奶而傷心，這雖然對我是個打擊，但我不會永遠被它打倒。」

傑克．戴普西是怎樣做到的呢？他沒有一味地對自己説：「哦，我不再為此而苦惱！」這只會增加他回想起往事而煩惱。他完全接受了那一切，忘記過去的失敗，將全部精力投入未來的計劃上，在百老匯開傑克．戴普西餐廳，又在第 57 大街開了

一家旅館。他安排拳擊比賽，並舉辦拳擊展覽會，用有建設性的事務讓自己忙碌起來，使自己再也沒有時間和心思為過去憂慮。傑克·戴普西說：「在這 10 年裏，我的生活比當世界拳王時還要豐富得多。」

戴普西先生說他沒讀過多少書，但他卻在無意中按照莎士比亞的忠告去做了 —— **有智慧的人永遠不去為失敗而悲歡**，他會很愉快地尋找減輕損失的奇計妙方。

我閱讀了大量的歷史和傳記書籍，發現許多人身處逆境時，能克服人生的困難和心中的苦痛。他們讓我驚歎，他們能坦然忘掉憂慮和不幸，繼續過着快樂的日子。

有一次，我到辛辛監獄去探訪，令我意外的是，那裏的囚犯大多數看起來與外面的人沒有兩樣，且都顯得比較快樂。當我看見獄長劉易斯·路易士時，向他提起此事，他對我說：「這些罪犯最初來到辛辛監獄時，全都心懷仇恨、脾氣暴躁。但幾個月過去了，大多數人都能比較理智地面對這件事情，接受已經坐牢這個事實而變得平靜了，盡量讓自己過得開心些。監獄裏有一個犯人，主動承擔了園藝的工作，他在監獄圍牆裏，一邊種花種菜，一邊還唱着歌。」

所以，沒有必要去痛哭流涕。當然了，我們會為犯下的錯誤和做過的荒唐事而後悔，但這又有甚麼用呢？誰沒有過失敗呢？就連偉大的拿破崙都在他經歷的重大戰役中輸掉過三分之一。或許我們的勝率並不比拿破崙差呢！無論如何，即使你用掉所有的精力，也絕對不可能更改過去已發生的事情。

所以，讓我們記住第六項原則：

不要試着鋸那些已被鋸碎的木屑，不要為打翻了的牛奶而傷心。

卡耐基心得 Dale Carnegie's Tip

不要試着鋸那些已被鋸碎的木屑，
不要為打翻了的牛奶而傷心。

平安快樂的七種方式

憧憬美好生活

我們內心的平靜和我們從生活中所得到的快樂，
只在於我們的心境，
而與外在條件沒有多大關係。

我們的精神狀態對我們的身體和力量，有着令人難以置信的影響。英國著名的心理學家哈德飛在他那本只有 54 頁的非常了不起的小書《力量心理學》(*The Psychology of Power*) 裏，對這件事有驚人的説明。「我請來 3 個人，」他寫道：「以便試驗生理受心理的影響。我們以握力計來度量。」他要他們在三種不同的情況下，盡全力抓緊握力計。

在一般的清醒狀態下，他們平均的握力是 101 磅。

第二次實驗則將他們催眠，並告訴他們，他們非常虛弱。實驗結果顯示，他們的握力只有 29 磅，還不到他們正常力量的三分之一。

然後，哈德飛再讓這些人做第三次實驗：在催眠之後，告訴他們説他們非常強壯，結果他們的握力平均達到 142 磅。當他們在認定自己有力量之後，他們的力量幾乎增加了 50%。

　　這就是難以置信的心理力量。為了說明思想的魔力，我要告訴你一個發生在美國內戰期間最奇特的故事。

　　這個故事足夠寫一本大書，不過我們還是長話短說：

　　現在信徒都知道基督教信心療法的創始人瑪麗・貝克・艾迪。可是在當時，她認為生命中只有疾病、愁苦和不幸。她的第一任丈夫在他們婚後不久就去世了；她的第二任丈夫拋棄了她，和一個已婚婦人私奔，後來死在一個貧民收容所裏；她只有一個兒子，卻由於貧病交加，不得不在他 4 歲那年就把他送走了。她不知道兒子的下落，以後有 31 年之久，都沒有再見到他。

　　因為她自己的健康狀況欠佳，所以她一直對所謂的「信心治療法」極感興趣。她生命中戲劇化的轉捩點，發生在麻省的理安市。在一個很寒冷的日子，她在城裏走着的時候，突然滑倒了，摔倒在結冰的路面上，而且昏了過去。她的脊椎受到了傷害，使她不停地痙攣，甚至醫生也認為她活不久了。醫生還說，即使奇跡出現能使她活命的話，她也絕對無法再行走了。

　　躺在一張看來像是送終的床上，艾迪打開一本書。她後來說，她讀到書裏的句子：「有人用擔架抬着一個癱子來到耶穌跟前，耶穌就對癱子說：『小子，放心吧，你的罪赦了。起來，拿着你的褥子回家去吧。』那人就站起來，回家去了。」

　　她後來說，耶穌的這幾句話使她產生了一種能夠醫治自己的力量，她「立刻下了床，開始行走」。

「這種經驗，」艾迪太太說：「就像引發牛頓靈感的那個蘋果一樣，使我發現自己怎樣地好了起來，以及怎樣也能使別人做到這一點。我可以很有信心地說：一切的原因就在於你的思想，而一切的影響力都是心理現象。」

也許你現在正對自己說：「這個傢伙是在替基督教信心治療法傳道。」不是的，你錯了！我並不是這個教派的信徒，但是我活得愈久，愈深信思想的力量。從事成人教育 35 年的結果，使我知道男人和女人都能夠消除憂慮、恐懼和很多種疾病，只要改變自己的想法，就能改變自己的生活。我知道這種轉變，也親眼見過好幾百次，因為我看得太多，都已經見怪不怪了。

舉個例子來說吧。有一個令人難以相信的轉變，可以證明思想的力量，而它就發生在我的一個學生身上。他曾經精神崩潰過一次，起因是甚麼呢？是憂慮。那個學生告訴我：

我為甚麼事情都發愁，我之所以憂慮是因為我太瘦了，我覺得我在掉頭髮，我怕永遠沒辦法賺足夠的錢來娶個太太，我認為我永遠沒有辦法做一個好父親，我怕失去我想要娶的那個女孩子，因為我覺得我現在過的生活不夠好。我很擔憂我給別人的印象不好，我很擔憂自己是否得了胃潰瘍。我無法再工作，辭去了工作後，我的內心愈來愈緊張，像一個沒有安全閥的鍋爐，壓力到了令人難以忍受的地步，結果果然出了事。

如果你從來沒有經歷過精神崩潰的話，祈禱上帝讓你永遠也不要有這種經驗吧，因為並沒有一種身體上的痛苦，可以

超越精神上那種極度的痛苦。

我精神崩潰的情況，甚至嚴重到沒有辦法和家人交談。我控制不住自己的思想，心中充滿了恐懼。只要有一點點聲音，就會使我焦躁得跳起來。我躲開每一個人，常常無緣無故地哭起來。

我每天都痛苦不堪，覺得自己被所有的人拋棄了，甚至上帝也拋棄了我，真想跳到河裏去一了百了。

但後來我決定到佛羅里達州去旅行，希望換個環境能夠對我有所幫助。上了火車之後，父親交給我一封信，並告訴我等到了佛羅里達之後再打開來看。

我到佛羅里達的時候正好是旅遊的旺季，因為旅館裏訂不到房間，我就在一家汽車旅館裏租了一個房間。我想在邁阿密一艘不定期的貨船上找一份差事，可是沒有成功，所以我把時間都消磨在海灘上。我在佛羅里達時比在家的時候更難過，此時，我拆開那封信。看見父親在信上寫道：「兒子，你現在離家 1,500 英里，但你並不覺得有甚麼不一樣，對不對？我知道你不會覺得有甚麼不同，因為你還帶着你所有麻煩的根源，也就是你自己。無論你的身體或是你的精神，都沒有甚麼毛病。這並不是你所遇到的環境使你受到挫折，而是因你對各種情況的想像而起。總之，一個人心裏想甚麼，他就會成為甚麼樣子。當你了解這點以後，兒子，回家來吧，因為那樣你就能醫好了。」

父親的信使我非常生氣，我要的是同情，而不是教訓。當時，我氣得想永遠不回家。那天晚上，我在邁阿密一條小街

上走着，經過一個正在舉行禮拜的教堂，因為沒有別的地方好玩，我就溜了進去，聽了一場講道，講題是「征服精神，強過攻城」。我坐在神的殿堂裏，聽到和我父親同樣的想法，這一來，我能夠很清楚而理智地思考，並發現自己真的是一個傻瓜。看清楚了自己，實在令我非常震驚，我還想改變這個世界和全世界所有的人呢，而唯一真正需要改變的，只是我腦部那架思想相機鏡頭上的焦點。

第二天清早，我收拾行李回家去了，一個禮拜後，我又回去幹我以前的工作。4個月之後，我娶了那個我一直害怕失去的女孩子。我們現在有一個快樂的家庭，生了5個子女，無論是在物質或是精神上面，上帝對我都很好。當我精神崩潰時，我是一個小部門的夜班工頭，手下有18個人；現在我是一家紙箱廠的廠長，管理450多名員工。生活比以前更充實、更快樂了。我相信我現在能理解生命的真正價值了，每當感到不安，我就會告訴自己：只要把相機的焦距調好，一切就都好了。

我要很誠實地說，我很高興我曾經有過那次精神崩潰的經歷，因為它使我發現思想對身心兩方面的控制力。現在我能夠使我的思想為我所用，而不會有損於我。我現在才知道我父親是對的，使我痛苦的確實不是外在的情況，而是我對各種情況的看法。一旦我了解這一點之後，我就完全好了，而且不會再生病。

這就是那位學生的經驗。

我深信我們內心的平靜和我們從生活中所得到的快樂，並不在於我們在哪裏、我們擁有甚麼，或者我們是甚麼人，而只在於我們的心境，與外在條件沒有多大關係。

200 年前，密爾頓在雙目失明後，也悟到同樣的真理：

思想的運用和思想本身，

就能把地獄改造成天堂，

把天堂弄成地獄。

拿破崙和海倫‧凱勒就是密爾頓這句話的最好例證：拿破崙擁有一般人所追求的榮耀、權力、財富，可他卻對聖海蓮娜說：「我這一生從來沒有過一天快樂的日子。」而海倫‧凱勒又瞎、又聾、又啞，卻表示：「我發現生命是這樣的美好！」

如果說半個世紀的生活曾使我學到甚麼的話，那就是：除了你自己，沒有別的甚麼可以帶給你平靜。

我只是想再重複一次愛默生在他那篇叫做《自信》的散文裏說的話：「一次政治上的勝利、收入的增加、病體的康復，或是久別好友的歸來，或是甚麼其他純粹外在的事物，能提高你的興致，讓你覺得你眼前有很多好日子。但是，不要去相信它，事情絕不會是這樣的。除了你自己以外，沒有別的甚麼能帶給你平靜。」

依匹克特修斯這位偉大的斯多噶派哲學家曾警告我們說：「我們應該極力消除錯誤想法，這比割除『身體上的腫瘤和膿

瘡』重要得多。」

　　依匹克特修斯在 19 個世紀前說的這句話，得到了現代醫學的支持。坎貝・羅賓博士說，約翰・霍普金斯醫院所收容的病人裏，有五分之四都是由於情緒緊張和壓力所引起的，甚至一些生理器官的病例也是如此。「歸根結底，」他宣佈說：「這些都歸咎於生活和所遇到的問題的無法協調。」

　　蒙田是偉大的法國哲學家，他以下面的兩句話作為生活的座右銘：「一個人因已發生的事情所受到的傷害，比不上因他對該事情的意見來得深刻。」而我們對所發生的一切事情的意見，完全是由我們自己來決定的。

　　當你被各種煩惱困擾，整個人緊張不堪，我是否應該大膽地告訴你，你可以憑自己的意志力改變你的心境。不錯，我應該這麼做。而且，我還要告訴你如何做到這一點。這可能要花一點力氣，可是秘訣卻非常簡單。

　　威廉・詹姆斯是實用心理學的權威，他曾經發表這樣的理論：「行動似乎是隨着感覺而來的，可實際上行動和感覺卻是同時發生的。如果我們能使在意志力控制下所作出的行動規律化，那麼我們也能夠間接地使不在意志力控制下的感覺規律化。」

　　換句話說，威廉・詹姆斯告訴我們，我們不可能只憑「下定決心」就改變我們的情感，但我們可以改變我們的行動。而當我們改變行動時，就會自然而然地也改變我們的感覺。

「於是，」他解釋説：「如果你感到不快樂，那麼唯一能找到快樂的方法，就是振奮精神，使行動和言詞看起來好像已經感覺到快樂的樣子。」

這種簡單的辦法是不是有用呢？你不妨試一試。首先使你的臉上露出一個很開心的笑容來，挺起胸膛，深深吸一大口氣，然後唱一小段歌。如果你不會唱，就吹口哨，若不會吹口哨，就哼一段歌。你很快就會發現威廉‧詹姆斯説的是甚麼意思了，也就是説，當你的行動能夠顯出快樂的時候，你根本就不可能再憂慮和頹喪下去了。

這就是能在我們生活中創造奇跡的基本真理之一。我認識一個住在加利福尼亞州的女人，我不想提她的名字，如果她知道這個秘密的話，就能夠在 24 小時之內把所有的哀愁一掃而空。她很老，又是一個寡婦，她認為這很悲慘，可是她有沒有試過讓自己快樂一點呢？我看是沒有。要是你問她覺得怎樣，她總是説：「哦，我還好。」但看她臉上的表情和她聲音裏那種無病呻吟的味道，就好像在説：「哦，老天爺啊，要是你碰到我所碰到的那些煩惱就能明白了。」好像即使你很開心地在她面前，她都會討厭你。

不知道有多少女人的情況比她糟，她的丈夫留給她足以維生的保險金，她的子女都已經成家，並有能力奉養她。可是，我很少看見她笑。她老是抱怨她的 3 個女婿又差勁又自私，雖然她每次到他們家裏一待就是好幾個月。她抱怨女兒從來沒有送她任何禮物，可是她卻把自己的錢看得非常緊。對她自己

和她那不幸的一家人來說，她只是一個討厭的人。可是她值得這樣嗎？這才是最可憐的地方，她可以使自己從一個愁苦挑剔而且很不快樂的老女人，變成在家裏受人尊敬和喜愛的一分子嗎？只要她願意，就可以做得到。而如果她想達到這種轉變，**只需高高興興地活着，給別人一點點的愛**，而不是老談她自己的不快和不幸。

我認識一個印第安那州人，名叫英格萊特，他現在之所以還活着，只因為他發現了這個秘密。10 年前，英格萊特先生得了猩紅熱，當他康復以後，他發現自己又得了腎病。他告訴我他去找過好多個醫生，「甚至去找密醫」，但誰也沒辦法治好他。

不久以前，他又得了另外一種併發症，血壓高了起來。他去看醫生，醫生説他的高壓已經到了 214 的高點，宣佈情況太嚴重，已經沒救了，最好馬上料理後事。

我回到家裏，弄清楚我所有的保險金都已經付過了，然後向上帝懺悔我以前所犯過的各種錯誤，坐下來很難過地默默沉思。我害得所有的人都很不快樂，我的妻子和家人都非常難過，我自己更是深深地埋在頹喪的情緒裏。然而，在經過一禮拜的自憐自艾之後，我對自己説：「你這樣子簡直像個大傻瓜。你在一年之內恐怕還不會死，那麼趁你還活着，何不快快樂樂呢？」

我挺起胸膛，臉上露出微笑，試着讓自己表現出好像一切都正常的樣子。我承認，開始時相當費力，但我強迫自己很

開心、很高興，這不但有助於我的家人，也對我自己大有幫助。

接着，我覺得自己開始好多了，幾乎好得跟我裝出來的一樣，且這種改進更是持續不斷。原先以為已經躺進墳墓，但幾個月後的今天，我不僅活得好好的，而且血壓也降下來了。我可以肯定一件事：如果我一想到會死、會垮掉的話，那位醫生所預言的就會實現了。若我要給身體一個自我恢復的機會，別的甚麼方法都沒有用，除了改變我的心情。

讓我問你一個問題：**如果讓自己覺得開心可以拯救自己的性命，那麼你我為甚麼還要為一些小小的不快和頹喪而難過呢？**如果讓自己開心就能夠創造出快樂來，那又為甚麼讓自己和我們身邊的人不高興呢？

好多年前，我看過一本小書，它對我的生活產生了長遠的影響。書名叫做《人的思想》(As a Man Thinketh)，作者是詹姆士・艾倫，下面是書裏的一段：

一個人會發現，當他改變了對事物和其他人的看法時，事物和其他人對他來說也會隨之改變。要是有個人把他的思想指向光明，他就會很吃驚地發現，他的生活受到很大的影響。人不能吸引他們所要的，卻可能吸引他們所有的，能改變氣質的就在於我們自己。一個人所能得到的，正是他們思想的直接結果。有了奮發向上的思想之後，一個人才能有所成就。

如果他不能追趕上他的思想，他就只能永遠愁苦。有人

說，上帝讓人統治整個世界，這實在是一份相當大的禮物，可我對這種特權實在沒有甚麼興趣。

我只希望能控制我的能力、我的恐懼和我的內心。我知道在這點上我的成績相當驚人。不論在甚麼時候，我總是想：只需控制我的行為，就能控制我的反應。

所以，讓我們記住威廉·詹姆斯的話：

通常，只要把受苦者內心的感覺由恐懼改成奮鬥，就能把我們內心的邪念，轉變為身上的福祉。

讓我們用一個每天都能產生快樂而富有建設性思想的計劃，來為我們的快樂而奮鬥吧！這是保持平安快樂的第一項原則。

下面就是這個計劃，名字叫做「為了今天」。我認為這個計劃非常有效，所以複印了好幾千份送給別人。這是 36 年前已故的西貝兒·派屈吉所寫的，如果我們能夠照着做，我們就能消除大部分的憂慮，而大量增加「生活上的快樂」。

為了今天

1、為了今天，我要很快樂。假如林肯所說的「大部分的人只要下定決心都能很快樂」這句話是對的，那麼快樂是來自內心，而不是存在於外界。

2、只為今天，我要讓自己適應一切，而不去試着調整一切來滿足我的慾望。我要以這種態度接受我的家庭、我的事業和我的運氣。

3、只為今天，我要愛護我的身體。我要多加運動，善自照顧、善自珍惜；不損傷它、不忽視它；使它能成為我爭取成功的好基礎。

4、只為今天，我要加強我的思想。我要學一些有用的東西，決不做一個胡思亂想的人。我要看一些需要思考、需要集中精神才能看的書。

5、只為今天，我要用 3 件事來鍛煉我的靈魂：我要為別人做一件好事，但不讓人家知道；我還要做兩件我並不想做的事，而這就像威廉·詹姆斯所建議的，是為了鍛煉。

6、只為今天，我要做個討人歡喜的人，外表要盡量修飾，衣着要盡量得體，説話低聲，舉止優雅，絲毫不在乎別人的讚譽。對任何事都不挑毛病，也不干涉或教訓別人。

7、只為今天，我要試着只考慮怎麼度過今天，而不把我一生的問題一次解決。因為，我雖能連續 12 個鐘頭做一件事，但若要我一輩子都這樣做下去的話，就會嚇壞了我。

8、只為今天，我要訂下一個計劃。我要寫下每個鐘點該做些甚麼事；也許我不會完全照着做，但還要訂下這個計劃；這樣至少可以改掉兩種缺點：過分倉促和猶豫不決。

9、只為今天，我要為自己留下安靜的半個小時，輕鬆一

下。在這半個小時裏，我要想到神使我的生命更充滿希望。

10、只為今天，我要心中毫無懼怕，尤其是不要害怕快樂。我要去欣賞美，去愛，去相信我愛的那些人會愛我。

卡耐基心得 Dale Carnegie's Tip

除了你自己以外，
沒有別的甚麼能帶給你平靜。

不要對你的敵人心存報復之心

我們也許不能像聖人一樣去愛我們的敵人，
但為了健康和快樂，
我們至少要原諒他們、忘記他們。

多年前的一個晚上，我旅行經過黃石公園。一位森林管理人員騎在馬上，跟我們這群興奮的遊客談論關於熊的事情。他告訴我們有種大灰熊大概能夠擊倒除了水牛和另一種黑熊以外的所有動物。但那天晚上，我卻注意到有一隻小動物，那隻大灰熊不但讓牠從森林裏出來，並且和牠在燈光下一起共食。那是一隻臭鼬！大灰熊知道，牠可以一掌把這隻臭鼬打昏，可牠為甚麼不那樣做呢？

因為牠從經驗裏學到，那樣做很划不來。

我也知道這一點。當我還是個孩子的時候，曾經在密蘇里的農莊抓過四隻腳的臭鼬，長大成人之後，我在紐約的街上也碰到過幾個像臭鼬一樣的人。我從這些不幸的經驗裏發現：無論招惹哪一種臭鼬，都是划不來的。

當我們恨我們的仇人時，就等於給了他們制勝的力量。那

力量能妨礙我們的睡眠、我們的胃口、我們的血壓、我們的健康和我們的快樂。要是我們的仇人知道他們如此令我們擔心、苦惱，令我們一心想報復的話，他們一定會高興得跳起舞來。**我們心中的恨意不但完全傷害不了他們，而且反使我們的生活變得像地獄一般。**

你猜猜是誰說過：「要是自私的人想佔你的便宜，就不要去理會他們，更不要想報復。當你想跟他扯平的時候，你傷害自己將比傷到那傢伙更多一點。」這段話聽起來好像是理想主義者說的，其實不然。

這段話出自一份由密爾沃基警察局所發出的通告上。報復怎麼會傷害你呢？傷害的地方可多了。根據《生活》雜誌的報道，報復甚至會損害你的健康。「高血壓患者主要的特徵就是容易憤慨，」《生活》雜誌說：「不止住憤慨，長期性的高血壓和心臟病就會隨之而來。」

現在你該明白耶穌所謂「愛你的敵人」，不只是一種道德上的教化，而且是在宣揚一種 20 世紀的醫學，他是在教我們怎樣避免高血壓、心臟病、胃潰瘍和許多其他的疾病。

我的一個朋友最近犯了一次嚴重的心臟病，醫生命令他躺在床上，不論發生甚麼事情都不能生氣。醫生都知道，心臟衰弱的人，一發脾氣就可能送掉性命。幾年前，在華盛頓州的史潑坎城，有一個飯館老闆就是因為生氣而死去的。現在，我面前就有一封從華盛頓州史潑坎城警察局局長傑瑞史瓦脫那裏來的信。信上說：「幾年前，一個 68 歲名叫威廉·傳坎伯的人，

在史潑坎城開了一家小餐館。因為他的廚子一定要用菜碟喝咖啡，那位小餐館的老闆非常生氣，抓起一把左輪槍去追那個廚子，結果因為心臟病發作而倒地死去，手裏還緊緊抓着那把槍。驗屍官的報告宣稱：『他因為憤怒而引起心臟病發作死亡。』」

當耶穌說「愛你的仇人」的時候，他也是在告訴我們如何改進我們的外表。我想你也和我一樣認識一些女人，她們的臉因為怨恨而長皺紋，因為悔恨而變了形、表情僵硬。**不管她怎樣美容，也比不上讓她們心裏充滿寬容、溫柔和愛所能改進的一半。**

怨恨的心理甚至會毀了我們對食物的享受。聖人說：「懷着愛心吃菜，也會比懷着怨恨吃牛肉好得多。」

要是我們的仇人知道我們對他的怨恨使我們筋疲力竭，使我們緊張不安，使我們的外表受到傷害，使我們得心臟病，甚至可能使我們短命，他們不是會拍手稱快嗎？

即使我們不能愛我們的敵人，至少我們要愛自己。我們不能讓仇人控制我們的快樂、健康和外表。就如莎士比亞所說：

不要因為你的敵人而燃起一把怒火，燒傷你自己。

當耶穌基督說，我仍應該原諒我們的敵人「七十個七次」的時候，他也是在教我們怎樣做生意。我舉個例子吧：

當我寫到這一段，我面前有封喬治·羅納寄來的信，他

住在瑞典的艾普蘇那。喬治・羅納在維也納當了很多年律師，但在第二次世界大戰期間，他逃到瑞典，一文不名，急需找份工作。因為他能說並能寫好幾國的語言，所以希望能在一家進出口公司找到秘書的工作。絕大多數的公司都回信告訴他，因為正在打仗，他們不需要這一類的人，不過他們會把他的名字存在檔案裏，等等。

有一封寫給喬治・羅納的信上說：「你對我生意的了解完全錯誤。你又蠢又笨，我根本不需要任何替我寫信的秘書。即使我需要也不會請你，因為你連瑞典文也寫不好，信裏全是錯字。」

當喬治・羅納看到這封信的時候，簡直氣得發瘋。那個瑞典人寫信來說他寫不通瑞典文，可那個瑞典人的信上卻錯誤百出。於是喬治・羅納也寫了一封信，目的是要使那個人大發脾氣。只是接着，他停下來對自己說：「等一等，我怎麼知道這個人說的是不是對的？我學過瑞典文，可它並不是我的母語，也許我確實犯了很多我並不知道的錯誤。如果是那樣的話，那麼我想要得到一份工作，就必須再努力地學習。雖然他本意並非如此，但是這個人可能幫了我一個大忙。他用這麼難聽的話來表達他的意見，並不表示我就不虧欠他，所以應該寫封信感謝他一番。」

於是喬治・羅納撕掉了他剛剛寫好的那封罵人的信，另外寫了一封信說：「你這樣不怕麻煩地寫信給我實在是太好了，尤其是你並不需要一個替你寫信的秘書。對於我把貴公司的業務弄錯的事，我覺得非常抱歉，我之所以寫信給你，是因

為別人把你介紹給我，說你是這一行的領袖人物。我並不知道我的信上有很多文法錯誤，我覺得很慚愧，也很難過。我現在打算更努力地去學習瑞典文，以改正我的錯誤，謝謝你幫助我走上改進之路。」

不到幾天，喬治‧羅納就收到那個人的回信，請羅納去看他。羅納去了，而且得到了一份工作，喬治‧羅納由此發現，「溫和的回答能消除怒氣」。

我們也許不能像聖人般去愛我們的敵人，可是，為了我們自己的健康和快樂，我們至少要原諒他們、忘記他們，這樣做實在是很聰明的事。

有一次，我問艾森豪威爾將軍的兒子約翰，他父親會不會一直懷恨別人。

「不會，」他回答：「我爸爸從來不浪費一分鐘去想那些不喜歡的人。」

有句老話說：不能生氣的人只是笨蛋，而不去生氣的人才是聰明人。

這也就是前紐約州州長威廉‧蓋諾所抱定的政策。他曾經被一份內幕小報攻擊得體無完膚之後，又被一個瘋子打了一槍以致幾乎送命。他躺在醫院裏掙扎的時候說：「每天晚上，我都原諒所有的事情和每一個人。」這樣做是不是太理想了呢？是不是太好了呢？如果是的話，就讓我們來看看那位偉大的德國哲學家，也就是「悲觀論」提出者叔本華的理論。他認為生命就

是一種毫無價值而又痛苦的冒險，當他走過的時候，好像全身都散發着痛苦，可他在絕望的深處依然説：「如果可能的話，不應該對任何人有怨恨的心理。」

有一次我問伯納‧巴魯區：「會不會因為你的敵人攻擊你而難過？」他曾經做過 6 位美國總統威爾遜、哈定、柯立芝、胡佛、羅斯福和杜魯門的顧問。

「沒有一個人能夠羞辱或者干擾我，」他回答説：「我不讓他們這樣做。」也沒有人能夠羞辱或干擾你和我，除非我們讓他這樣做。

「棍子和石頭也許能打斷我的骨頭，可是言語永遠也不能傷到我。」

我常常站在加拿大傑斯帕國家公園裏，仰望那座可算得上最美麗的山。這座山以伊笛絲‧卡薇爾的名字命名，以此紀念那位在 1915 年 10 月 12 日被德軍行刑隊槍斃的護士。她犯了甚麼罪呢？因為她在比利時的家裏收容和看護很多受傷的法國、英國士兵，還協助他們逃到荷蘭。在 10 月的那天早晨，一位英國教士走進她的牢房為她做臨終祈禱時，伊笛絲‧卡薇爾說了兩句後來被刻在紀念碑上不朽的話語：「我知道光是愛國還不夠，我一定不能對任何人有敵意和怨恨。」4 年之後，她的遺體被轉移到英國，在西敏寺大教堂舉行安葬大典。我在倫敦住過一年，我常常到國立肖像畫廊對面去看伊笛絲‧卡薇爾的那座雕像，同時朗讀她這兩句不朽的名言：

我知道光是愛國還不夠，我一定不能對任何人有敵意和怨恨。

有一個能原諒和忘記誤解及錯怪自己的人的有效方法，就是讓自己去做一些絕對超出我們能力以外的大事。這樣，我們所碰到的侮辱和敵意就無關緊要了。

舉個例子來說，在 1918 年，密西西比州的松樹林裏發生了一件極富戲劇性的事情。勞倫斯·瓊斯是當地的一個黑人講師，幾年前我曾經去看過他創建的一所學校，還對全體學生做了一次演說。那所學校今天可算是在美國婦孺皆知了，可是我下面要說的事情卻發生在很早以前。

在第一次世界大戰期間，人們的感情很容易衝動，密西西比州中部就流傳着一種謠言，說德國人正在唆使黑人起來叛變。勞倫斯·瓊斯就是黑人，有人控告他激起族人的叛變。一大群白人在教堂外面聽見勞倫斯·瓊斯對他的聽眾大聲叫着：「生命，就是一場戰鬥！每一個黑人都要穿上他的盔甲，以戰鬥來求生存和成功！」「戰鬥」、「盔甲」，夠了。這些年輕人趁夜色衝出去，糾集了一大群暴徒回到教堂，拿一條繩子捆住了這個傳教士，並把他拖到一英里以外，讓他站在一大堆乾柴上面，並點着了火柴，準備一面用火燒他，一面把他吊死。這時候，有一個人叫起來：「在我們燒死他以前，讓這個喜歡多嘴的人說話。說話啊！說話啊！」勞倫斯站在柴堆上，脖子上套着繩索，為他的生命和理想發表了一篇演說。

勞倫斯・瓊斯 1900 年畢業於愛荷華大學，他那純良的性格和廣博的學問，以及他在音樂方面的才能，使得所有老師和同學都很喜歡他。

畢業以後，他拒絕了一個旅館留給他的職位，也拒絕了一個有錢人資助他繼續學音樂的計劃。為甚麼呢？因為他懷有非常高遠的理想。當他閱讀布克爾・華盛頓傳記的時候，就決心獻身於教育事業，去教育那些因貧窮而沒有受過教育的人。所以，他回到南方最貧瘠的地區，就是密西西比州灰克鎮以南 25 英里的小地方，把他的手錶當了 1.65 美元後，就在樹林裏用樹枝當桌子，創建了他的露天學校。勞倫斯・瓊斯告訴那些憤怒的、等着要燒他的人他所做過的各種奮鬥，他教育那些沒有上過學的男孩和女孩，訓練他們成為好的農民、工匠、廚子、家庭主婦。他談到有一些白人曾經協助他建立這所學校，那些白人送給他土地、木材、豬、牛和錢，幫助他繼續他的教育工作。

後來有人問勞倫斯・瓊斯，會不會恨那些把他拖出來準備吊死和燒死他的人？他回答說，他忙着實現自己的理想，沒有時間去恨別人，他在專心地做一些超出他能力以外的大事。「我沒有時間去跟人家吵架，」他說：「我沒有時間後悔，也沒有哪一個人能強迫我低下到會恨他的地步。」當時勞倫斯・瓊斯的態度非常誠懇，只要人們了解他的理想，他絲毫不為自己哀求。那一群暴民開始心軟了，最後，人群中有一個曾參加過南北戰爭的老兵說：「我相信這孩子說的是真話，我認得那些他提起的白人，他是在做一件好事。我們弄錯了，我們應該幫助他，而

不該吊死他。」那位老兵拿下他的帽子，在人群裏轉來轉去，從那些預備把這位教育家燒死的人群裏，募集到 55.4 美元，交給了瓊斯。

依匹克特修斯在 1,900 年前就曾經指出，我們種因就會得果。不管怎樣，命運總能讓我們為過錯付出代價。依匹克特修斯說：「歸根結底，每一個人都會為他自己的錯誤付出代價。能夠記住這點的人，就不會跟任何人生氣，不會跟任何人爭吵，不會辱罵、責怪別人，也不會觸犯、憎恨別人。」

在美國歷史上，恐怕再沒有誰比林肯受到更多的責難、怨恨和陷害了。但是根據韓登《不朽的傳記》的記載，林肯卻從來不以他自己的好惡來批判別人。如果有甚麼工作要做，他也總會想到他的敵人，認為他們可以做得像別人一樣好。

如果一個以前曾經羞辱過他或是對他不敬的人正是某個位置的最佳人選，林肯還是會讓他去擔任那個職務。而且，他也從來沒有因為某人是他的敵人或是他不喜歡的人，而解除那個人的職務。

很多被林肯委任而居於高位的人，以前都曾批評或羞辱過他，比如麥克里蘭、愛德華、史丹頓和蔡斯。但林肯相信，「沒有人會因為他做了甚麼而被歌頌，或者因為他做了甚麼或沒有做甚麼而被罷免」。因為所有的人都受條件、環境、教育、生活習慣和遺傳的影響，使他們成為現在的這個樣子，將來也永遠是這個樣子。

　　從小，我的家人每晚都會從《聖經》裏摘出章句或詩句來複誦，然後跪下來一齊唸「家庭祈禱文」。現在，我彷彿還聽見在密蘇里州一所孤寂的農莊裏，我的父親複誦着耶穌基督的那些話，那些只要人類存有理想就會一再重複的話：「愛你們的敵人，善待恨你們的人；詛咒你的，要為他祝福；凌辱你的，要為他禱告。」我父親做到了這些，他的內心得到了一般將相和君王所無法追求到的平靜。

　　要培養內心的平安與快樂，請記住第二大原則：

　　永遠不要對敵人心存報復，那樣對自己的傷害將大過對別人的。

　　讓我們以艾森豪威爾將軍為表率，從不浪費一分鐘去想我們不喜歡的人。

卡耐基心得 Dale Carnegie's Tip

永遠不要對敵人心存報復，
那樣對自己的傷害將大過對別人的。

施恩，但不要指望回報

想追求純正的快樂，

就不要期待他人會對你感恩。

不求回報的付出就是一種愉快的享受。

一位先哲說過：「一個憤怒的人，全身都是有毒的。」可是最近我遇到一個憤懣不平的人，他一見面就向我談起一件已經過去了 11 個月的事情，他仍然怒氣難消。聖誕節那天，他將一萬美元作為獎金發給 34 名員工，每個人大約得到了 300 美元。然而，讓他意想不到的是，沒有一個人來感謝他。他抱怨說：「我十分後悔，我竟然給他們發了獎金。」

我十分同情這位老闆，為他感到悲哀。他已經 60 歲了，按照人壽保險公司統計的數字來看，現在人們的平均年齡是 74 歲左右。如果他的運氣不錯的話，他還有大約 14、15 年的時間。但很不幸，他在自己所剩的寶貴時間裏，浪費了近一年的時間為過去的事憤恨不已，實在讓人同情。

除悔恨之外，他應當自我反省：為甚麼大家不感激他？是否因為待遇太低、工時太長，或是員工認為節日獎金是他們應

得的報酬？或許他自己是個苛刻、瑣碎又不知感恩的人，所以員工都不敢也不想去感謝他？也許大家認為，反正大部分利潤都要繳納稅收，還不如當成獎金發給大家算了。

不過我們再來看看員工，也許他們真的是自私、卑鄙、不懂禮儀。總之，無論是甚麼原因，但我知道約翰遜博士說過：「只有非常有教養的人才知道感恩，你不可能隨隨便便從一般人那兒得到。」

在此，我需要說明的是：指望他人來感恩，這將犯下一種常識性的錯誤，因為你的確不了解人性。假如你救了一個人的命，你會期待他感恩嗎？你也許會。但是著名的刑事律師塞繆爾‧萊博維茨在當法官後，曾使 78 名罪犯免去了上電椅的極刑。你能夠猜想一下，這之中有多少人登門道謝，或者至少寄張聖誕賀卡來表示感謝嗎？

你差不多能夠猜對：沒有一個人。

偉大的耶穌曾用一個下午的時間讓 10 個癱瘓病人站立行走，但有幾個人會回來感謝他呢？僅有 1 位。基督問他的門徒：「其餘的 9 位呢？」他們連一句道謝的話都沒說，就跑得無影無蹤了！試想想，像我們這樣的凡夫俗子，就算是給了別人一點小恩小惠，憑甚麼就奢望得到比耶穌還多的感恩呢？

假如和錢有關，那就根本無法奢望了！查爾斯‧舒瓦特有一次對我說，他曾幫助過一位挪用公款去炒股而虧得一塌糊塗的銀行出納，舒瓦特幫他彌補了虧空，免去了牢獄之災。後來，

這位出納感謝他沒有呢？的確，感謝過他一段時間，但沒過多久，他就跟舒瓦特對着幹，他完全忘記了是舒瓦特讓自己免除了牢獄之苦。

假如你送給親戚 100 萬美元，他是不是非常感謝你呢？安德魯‧卡耐基曾送過他的親戚，不過，假如安德魯‧卡耐基能夠復活的話，他一定會非常吃驚地發現，他的這位親戚正在惡毒地詛咒他呢！這是甚麼原因呢？因為卡耐基將 3 億多財產捐作慈善基金，而只贈送給他親戚 100 萬美元。這就是世間的事情，這就是人性，你不要奢望會有甚麼轉變。不如坦然面對這個事實，像那位最有智慧的羅馬帝王馬爾斯‧阿里流士一樣分析世事，他在日記中寫道：

我今天會遇到背後說我壞話的、自私自利、心胸狹窄、忘恩負義的卑鄙小人。我也沒有必要大驚小怪或為之憂慮，因為我還找不到一個沒有這些人存在的世界。

馬爾斯‧阿里流士說的不是非常有道理嗎？我們每天埋怨別人不會感恩，這到底是誰的過錯呢？這就是人性。別指望他人知恩圖報，假如我們有時得到他人的感恩，那是生活給我們的一份驚喜。要是沒有的話，也不必後悔、難過。

忘記恩惠乃是人的天性，假如我們總是期待別人的感恩，那完全是自尋煩惱。我認識一位紐約的老太太，她整天埋怨自己非常孤獨。很少有親戚來看望她，當你去看望她時，她會對你嘮嘮叨叨幾個小時，說她的侄兒小時候是如何被她照顧，在

他們得腮腺炎、麻疹、百日咳的時候，都是她精心護理的。他們跟她生活在一起許多年，她還資助一位侄子完成商業學校的學業，在她結婚之前，他們都住在她的家裏。後來，侄子們回來看望過她嗎？回來過，但那也只是為了義務。他們都非常害怕見到她，因為他們要花上幾個小時聽她講述過去的經歷，沒完沒了的埋怨與自憐永遠在那裏等着他們。當這位老太太發現再也沒有方法讓她的侄子們回來看她後，她就使出最後一個招數：裝成心臟病發作。

能夠裝出心臟病嗎？當然不能，但醫生說她非常情緒化，心跳波動很大，醫生說她的病是由情緒引起的。

這位老太太需要的也許是關注，但我認為她需要的卻是感恩。然而，這位老太太或許永遠也得不到她侄子的感恩，因為她認為這是應該得到的回報，所以，她直接向別人索求這些。

生活中有不少人都和她一樣，因為別人不知感恩，便在孤寂中生病。他們渴望被別人關愛，但他們不知道在這個世界上唯一得到愛的方式是：施恩，但不求回報。

這聽起來似乎不太實際，過於理想化。然而，這卻是追求幸福的最佳途徑。在家裏，我的父母總是熱心助人，雖然我們家十分貧窮，總是欠債，但我父母每年總要湊出一些錢寄給孤兒院。他們從來沒有去訪問過那家孤兒院，大概除了收到回信之外，從來沒有人來我家感謝他們，但他們已經得到了回報，因為他們從幫助這些可憐孩子的過程中得到了安慰。

我離家到外地工作以後，每年聖誕節前，我都會給父母寄錢，讓他們給自己買些喜歡的商品，但他們總是捨不得為自己花錢。當我回家歡度節日時，父親告訴我，他們已用那些錢買了煤和日用品送給城裏一位有幾個孩子的貧困母親。施恩不圖回報，這是他們生活中得到的最大歡樂。

亞里士多德說：「真正懂得人生的人，會深深體會到施恩的快樂。」我父母的人生，我相信已符合亞里士多德所言的分享歡樂的最高標準。

想追求純正的快樂，首先就要拋棄他人是不是會對你感恩的想法，這種快樂的秘訣在於，**只享受付出時的快樂**。

身為父母的人時常埋怨兒女不知感恩，正如莎士比亞戲劇中的李爾王所喊的：「不知感恩的兒女，比毒蛇的毒汁還傷人的心啊。」

但是，假如我們不引導他們，這些孩子又怎麼會明白去感恩呢？忘恩原本是人的天性，它像野地的雜草隨時瘋長起來；感恩則像玫瑰，需要投入情感精心栽培。假如子女不知感恩，責任在誰呢？或許我們自己要進行反思了。**從不去培養他們學會感恩的品質，又怎麼可能期待他們會來感謝我們呢？**

在芝加哥，我有一位在木箱製造廠工作的朋友，他的工作強度很大，但週薪只有 40 美元。他娶了一位寡婦為妻，並被她說服向銀行貸款去供她前夫的兩個孩子上大學。他整天為食物、房租、燃料、衣服忙個沒完，像苦役一樣一幹就是 4 年，但從來沒有抱怨過。

後來，這兩個養子感謝過他嗎？從來沒有，他妻子認為那是他應該做的，而兩個兒子呢？更認為那是繼父的職責，他們認為對這位辛辛苦苦幫助他們完成學業的繼父沒有任何虧欠，連說一聲謝謝都沒有必要。責任在誰呢？在養子身上嗎？也許是這樣的，但這位母親的責任不是更大嗎？她認為這兩個年輕的孩子不應當承擔這種感恩的義務，她不讓兒子因這件事情產生心理負擔。所以，她從不對孩子說：「你們的繼父貸款資助你們上大學，他是一個多麼好的人啊！」而她的態度卻始終是：「那是他應當做的事情。」

她認為這是替兒子們着想，實際上，她讓他們產生了一種危險的錯覺，認為別人有義務去幫助他們。後來，這種錯覺導致他們犯下錯誤，她的一個兒子想向老闆「借點錢」，結果被判刑入獄。

我們一定要身體力行，去教育我們的孩子，這對他們的人生非常重要。在我的記憶裏，我的姨媽從不抱怨自己的兒女不知感恩。在我還是一個孩子的時候，姨媽把她的母親接到家裏精心照顧，同時也精心照料她丈夫的母親。兩位老人家坐在爐火前的場景讓我記憶猶新。姨媽一個人要照顧兩位老人，一定很勞累，但是，你從她的神情上一點也看不出來。她不斷對她們噓寒問暖，讓她們體會到家的溫馨。而姨媽自己還有 6 個兒女需要撫養，但她從不認為自己做了了不起的事情。對她而言，這一切都是她應該做的事情，她所做的一切都出自愛。我姨媽已守寡了 20 多年，她的 5 個已經成年的兒子都十分愛她，都

想把她接到自己家裏去住。這是出於「感恩」嗎？肯定不是。那是因為她的兒女非常愛她，這是出自一種純正的愛！他們從童年起，就生活在充滿愛與溫情的家庭中。如今照顧他們慈祥的母親，是出自真心的愛來報答這位不求回報的母親，這是多麼自然的事情。

我們得記住，如果想有感恩的兒女，自己必須先成為對別人感恩的人。我們的言行，將深刻地影響孩子的身心。在孩子面前，絕對不能指責他人的善意，例如說「你看表妹送我的聖誕禮物，她肯定沒花一分錢而是自己做的」等等這類蠢話。這種無意中的小事，對孩子的成長會帶來很大的負面影響。我們應當這麼說：「表妹為準備這份精美的聖誕禮物，得花費多少時間啊！她多好啊！我們得給她寫封感謝信。」這時，我們的兒女便會在這種潛移默化中養成欣賞和感恩的習慣。

讓自己平安快樂，下面是第三大原則：

尋找快樂的唯一途徑，不要期待他人會感恩，不求回報的付出就是一種愉快的享受。

卡耐基心得 Dale Carnegie's Tip

如果想有感恩的兒女，自己必須先成為對別人感恩的人。父母的言行，會深刻地影響孩子的身心。

細數幸福的事情

> 我們要真正學會怎樣生活：
> 算算你所得到的生活的恩惠，
> 不要回頭去清點你的煩惱。

　　我們每天生活在美麗的童話王國裏，但卻看不見、感覺不到，為甚麼？

　　我認識哈羅·艾伯特好多年了，他以前是我的教務主任。有一天，他和我在堪薩斯城碰頭，開車送我到密蘇里州貝爾城——我的農莊。路上，我問他是怎麼得到快樂的，他告訴我一個我永遠忘不了的故事：

　　我以前常為很多事憂慮不已，可是，1934 年春天的某一天，我正走在韋伯鎮西道提街上，有一幕景象使我以後永遠不再感到憂慮了。事情發生的前後只有 10 秒鐘，可在那 10 秒鐘裏，我學到關於如何生活的知識，比我過去 10 年裏所學到的還要多。

　　我在韋伯城開過兩年的雜貨店，不僅賠光了所有的積蓄，而且還借了債。當時我正準備到工礦銀行去借點錢，以便

到堪薩斯城去找一份差事。我像一個一敗塗地的人那樣在路上走着，完全喪失了鬥志和信心。突然之間，我看見迎面來了一個沒有腿的人，他坐在一個小小的木頭平台上，下面裝着從溜冰鞋上拆下來的輪子。他兩手各抓着一片木頭，撐着地讓自己滑過街道。我看到他的時候，他剛好已經過了街，正準備把自己抬高幾英寸上到人行道上來。

就在他把那小小的木頭輪子翹起來的時候，我們兩人的目光遇個正着，他對我咧嘴笑了一笑：「你早啊先生，早上天氣真好，是不是？」他很開心地說，當我站在那裏看着他的時候，我才發現自己是那麼富有。我有兩條腿，我能走路，我為我的自憐感到羞恥。我對自己說，就連缺了兩條腿的人都能做到的事，我當然也能做到。

我覺得自己的胸膛已經挺了起來，本來我只是想去向工礦銀行借 100 美元的，可是現在我有勇氣去向他們借 200。我本來打算到堪薩斯城去試試看能否找份差事的，可現在我能夠自信地告訴他們，我要到堪薩斯城去找一份差事。借到了那筆錢後，我順利地找到了一份工作。

目前，我在浴室的鏡子上貼着這幾句話，好讓我早上刮鬍子的時候能夠讀到：人家騎馬我騎驢，回頭看看推車漢。比上不足，比下有餘。

有一次，我問艾迪‧雷根伯克，當他毫無希望地迷失在太平洋裏，和他的同伴在救生筏上漂流了 21 天之久時，他學到的最重要一課是甚麼。「我從那次經歷所學到的最重要一課是，」

他說：「如果你有足夠的新鮮水可以喝，有足夠的食物可以吃，就絕不要再抱怨任何事情。」

《時代雜誌》有一篇報道，講一個士兵在關達坎諾受了傷，喉部被碎彈片擊中，輸了 7 次血。他寫了一張紙條給醫生，問道：「我能活下去嗎？」醫生回答說：「可以的。」他又另外寫了一張紙條問道：「我還能不能說話？」醫生又回答他說可以的。然後他再寫了一張紙條說：「那我還擔心甚麼？」你何不也馬上停下來問自己：「**那我還擔心甚麼？**」

你很可能會發現，自己所擔心的事情其實是很微不足道的。

生活裏的事情，大概有百分之九十都是對的，只有百分之十是錯的。如果我們要快樂，我們所應該做的就是：集中精神在那百分之九十對的事情上，而不要理會那百分之十的錯誤。如果想要擔憂難過，想要得胃潰瘍，我們只要集中精神去想那百分之十的錯事，而不管那百分之九十的好事。

英國有很多新教堂裏都刻着「多想、多感激」，這兩句話也應該銘刻在我們的心上。當然，它這裏指要感激的是上帝。

《格列佛遊記》(Gulliver's Travels) 的作者斯威夫特可以算是英國文學史上最悲觀的一位作家了。他為自己的出生感到很難過，所以他在生日那天一定要穿黑衣服，並絕食一天。可是，這位有名的悲觀主義者卻讚頌開心與快樂能帶給人健康的力量。「世界上最好的 3 位醫生是，」他宣佈：「節食、安靜和快樂。」

你和我每一天、每個小時，都能得到「快樂醫生」的免費服務，只要我們能把注意力集中在我們所擁有的令人難以置信的財富上，那些財富遠超過阿里巴巴的珍寶。你願意把你的兩隻眼睛賣一億美元嗎？你肯把你的兩條腿賣多少錢呢？還有你的一雙手、你的聽覺、你的家庭？把你所有的資產加在一起，你就會發現，你絕不會就此賣掉你現在所擁有的一切，即使把洛克菲勒、福特和摩根三個家族所有的黃金都加在一起也不賣。

可我們能否欣賞這些呢？不會。就像叔本華說的：「我們很少想到我們已經擁有的，而總是想到我們所沒有的。」這世界上最大的悲劇所造成的痛苦，可能比歷史上所有的戰爭和疾病帶來的更多。這一點，幾乎使約翰·派瑪「從一個正常人變成一個壞脾氣的老傢伙」，也差點毀了他的家。我知道這件事，因為他對我講過。

　　我從軍隊退伍之後不久，就開始做生意。我夜以繼日地忙碌着，一切進行得很好。然後問題發生了，我買不到零件和原料。我為可能要被迫放棄生意而煩躁不安，從一個普通人變成了一個脾氣很壞的傢伙。我變得非常尖酸刻薄，當時我自己並不知道，可現在我才明白。我幾乎失去了我快樂的家。

　　然後有一天，一個在我手下工作的年輕傷兵對我說：「約翰，你實在應該感到慚愧。你這副樣子，好像世界上只有你一個人有麻煩似的，就算你把店關掉一陣子，又怎麼樣呢？等到事情恢復正常之後，你可以再重新開始。你有很多值得感激的事，可卻老是在抱怨，我的天啊，我真希望我是你。你看看

我，我只有一隻胳臂，半邊臉都傷了，可我並不抱怨甚麼。要是你再繼續這樣囉囉嗦嗦地埋怨下去的話，你不僅會失去你的生意，也會失去你的健康、你的家庭和你的朋友。」

這些話使我猛然醒了過來，我發現我已走了很遠的盆路。我當場就決定必須要改變，重新成為我自己，後來我做到了這一點。

我的另外一位朋友露西莉·布萊克，在學會怎樣知足而不為自己所缺少的東西憂慮之前，幾乎瀕臨悲劇的邊緣。

我在多年以前認識露西莉，當時我們兩個都在哥倫比亞大學的新聞學院選修短篇小説寫作。9年前，她遭到生活上的劇變。當時她正住在亞利桑那州的杜森城，下面就是她告訴我的故事：

我的生活一直非常忙亂，不但在亞利桑那大學學風琴，在城裏開了一間語言學校，還在我所住的沙漠柳牧場上教音樂欣賞的課程。我參加了許多大宴小酌、舞會或在星光下騎馬。有一天早上，我的身體垮了。我的心臟病發作，醫生對我說：「你得躺在床上靜養一年。」他竟然沒有鼓勵我，讓我相信我還能夠健康起來。

在床上躺一年，做一個廢人，可能還會死掉。我簡直嚇壞了，為甚麼我會碰到這樣的事情呢？我做錯了甚麼，該受這樣的報應呢？我又哭又叫，心裏充滿了怨恨和反抗。可我還是遵照醫生的話躺在床上。

　　我的一個鄰居魯道夫先生是個作家，他對我說：「你現在覺得要在床上躺一年是一大悲劇，可事實上不會的。你可以有時間思考，能夠真正地認識你自己。在以後的幾個月裏，你在思想上的成長，會比你這大半輩子以來都多得多。」我平靜了下來，開始想充實新的價值觀，我看過很多能啟發思想的書。有一天，我聽到一個無線電新聞評論員說：「你只能談你知道的事情。」這類話我以前不知聽過多少次，可是現在才真正深入到我的心裏。

　　我決心只想那些快樂而健康的事情，每天早上一起來，我就強迫自己想一些我應該感激的事情：我沒有痛苦，我有一個很可愛的小女兒，我的眼睛看得見、耳朵聽得到，收音機裏播放着優美的音樂，有時間看書，吃得很好，有很好的朋友，我非常高興；而且來看我的人多到使醫生必須掛一個牌子寫上：房裏每次只許有一位探病客人，且只許在某幾個時段進入。

　　從那時起到現在已有9年了，我現在過着豐富而又生動的生活。我非常感激在床上度過的那一年，那是我在亞利桑那州所度過的最有價值、也最快樂的一年。我現在還保持當年養成的那種習慣，每天早上算算自己有多少得意的事情，這是我最珍貴的財產。

　　我覺得很慚愧，因為要到擔心自己會死去之前，才真正學會了怎樣生活。

　　我親愛的露西莉・布萊克，你也許並不知道，你所學到的這一課，正是撒姆爾・約翰生博士在兩百多年前所學到的。「養

成對每一件事的理想看法，」約翰生博士説：「比每年賺 1,000 鎊更值錢。」

要提醒各位的是：這些話可不是一個天生樂觀的人所説的，説這話的人曾經歷過痛苦，少衣缺食地過了 20 年，最後終於成為當時最有名的作家，也成為歷史上最有名的談話家之一。

羅根·皮爾薩爾·史密斯用很簡單的幾句話，説了一番大道理。他説：「生活中應該有兩個目標。首先，要得到你所想要得到的；然後，在得到之後要能夠享受它。只有最聰明的人才能做到第二步。」

你想不想知道，怎樣把在廚房水槽裏洗碗也當作一次難得的經驗呢？如果你想的話，可以去看一本令人難以置信且很富啟發性的書，作者是波姬兒·戴爾，書名叫做《我希望能看見》(*I Wanted to See*)。

這本書的作者是一個瞎了幾乎 50 年的女人。「我只有一隻眼睛，」她寫道：「而且眼睛上還滿是疤痕，只能透過眼睛左邊的一個小洞去看。看書的時候我必須把書本拿得幾乎貼近我的臉，並且不得不把我那一隻眼睛盡量往左邊斜過去。」

可是她拒絕接受別人的憐憫，不願別人認為她「異於常人」。小時候，她想和其他小孩子一起玩跳房子，可是她看不見地上所畫的線。所以在其他孩子都回家以後，她就趴在地上，把眼睛貼在線上瞄來瞄去。她把她們所玩的那塊地方的每一點都牢記在心，所以不久就成為玩遊戲的好手了。她在家裏看書，

把印着大字的書靠近她的臉，近到連眼睫毛都碰到書頁。她獲得了兩個學位：先在明尼蘇達州立大學得到學士學位，再在哥倫比亞大學得到碩士學位。

她開始在明尼蘇達州雙谷的一個小村子裏教書，然後漸漸升任南達科他州奧格塔那學院的新聞學和文學教授。她在那裏教了 13 年，也在很多婦女俱樂部發表演說，還在電台主持談文學的節目。「在我的腦海深處」，她寫着：「常常懷着一種怕會完全失明的恐懼，為了要克服這種恐懼，我對生活採取了一種很快活而近乎戲謔的態度。」

1943 年，也就是她 52 歲的時候，一個奇跡發生了。著名的梅育診所對她施行了一次手術，使她能比以前看得清楚 40 倍。一個全新的、令人興奮的、可愛的世界展現在她的眼前。即使是在廚房水槽前洗碟子，也讓她覺得非常開心。「我開始玩着洗碗盆裏的肥皂泡沫，」她寫着：「我把手伸進去，抓起一大把小小的肥皂泡沫，我把它們迎着光舉起來。在每一個肥皂泡沫裏，我都能看到一道小小彩虹閃出來的明亮色彩。」

你和我應該感到慚愧，這麼多年來，我們每天生活在一個美麗的世界裏，可我們卻瞎混，也不能享受。

保持平安快樂的第四大原則是：

算算你所得到的生活的恩惠，不要回頭去清點你的煩惱。

卡耐基心得 Dale Carnegie's Tip

生活中應該有兩個目標。首先，要得到
你所想要得到的；然後，在得到之後要
能夠享受它。

保持自我本色

你就是你，你不是任何人，
你也不可能變成其他人。
一個人想要集他人所有的優點於一身，
是世界上最愚蠢、最荒謬的想法。

一個人想要集他人所有的優點於一身，是世界上最愚蠢、最荒謬的想法。

我有一封伊笛絲・阿雷德太太從北卡羅來納州艾爾山寄來的信：

我從小就特別的敏感而醜�² ，我的身體一直太胖，而我的一張臉使我看起來比實際上還要胖得多。我有一個很古板的母親，她認為把衣服弄得漂亮是一件很愚蠢的事情。她總是對我說：「寬衣好穿，窄衣易破。」而她就照這句話來幫我穿衣服。所以我從來不和其他孩子一起做室外活動，甚至不上體育課。我非常的害羞，覺得自己跟其他人都「不一樣」，完全不討人喜歡。

長大之後，我嫁給一個比我年長好幾歲的男人，可我並

沒有改變。我丈夫一家人都很好，也充滿了自信，他們就是我應該成為而目前還不是的那種人。我盡最大的努力要像他們一樣，可是我辦不到。他們為了使我變得開朗而為我做的每一件事，都只是令我進一步退縮到我的殼裏去。我變得緊張不安，躲開了所有的朋友，我甚至怕聽到門鈴響。我知道我是一個失敗者，又怕我的丈夫會發現這一點。所以每次我們出現在公共場合，我都假裝很開心，結果常常做得太過。當我知道我做得太過分，事後會為這些事而難過好幾天。

最後，我不開心到覺得再活下去也沒有甚麼意義了，我開始想自殺。

是甚麼事情改變了這個不快樂女人的生活？只是一句隨口說出的話。

隨口說的一句話，改變了我的生活。有一天，我的婆婆正在談她怎麼教養她的幾個孩子，她說：「不管事情怎麼樣，我總會要求他們保持本色。」保持本色，就是這句話！在那一剎那間，我才發現我之所以那麼苦惱，就是因為我一直試着讓自己適應一個並不適合我的模式。

一夜之間我整個人改變了。我開始保持本色，我試着研究我自己的個性，試着找出我究竟是怎樣的人。我研究我的優點，盡我所能去解決色彩和服飾上的問題，盡量以適合我的方式去穿衣服。我主動去交朋友，我參加了一個社團組織，起先是一個很小的社團，他們讓我參加活動，把我嚇壞了。可是我每發一次言，就增加了一點勇氣。這事花了很長的一段時間，

可是今天我所有的快樂，卻是我從來沒有想到可能會得到的。在教育我自己的孩子時，我也總把我從痛苦經驗中學到的東西教給他們：「不管事情怎麼樣，總要保持本色。」

「保持本色的問題像歷史一樣古老，」詹姆斯·高登·季爾基博士說：「也像人生一樣普通。」不願意保持本色，是很多精神和心理問題的潛在原因。安吉羅·帕屈在幼稚教育方面曾寫過 13 本書和數以千計的文章，他說：「沒有甚麼比想做其他人更痛苦的了。」

那種希望做一個跟自己不一樣的人的想法，在荷李活尤其流行。山姆·伍德是荷李活最知名的導演之一，他說在他啟發一些年輕演員時，碰到的最頭痛問題就是這個：如何讓他們保持本色。他們都想做二流的拉娜·特納，或者是三流的奇勒基寶。「這一套觀眾已經受夠了，」山姆·伍德說：「最安全的做法是，盡快丟開那些裝腔作勢的想法。」

最近我向索凡石油公司人事室主任保羅·包延登請教，來求職的人常犯的最大錯誤是甚麼。他曾經和六萬多個求職者面談過，還寫過一本名為《謀職的六種方法》(6 Ways to Get a Job) 的書。他回答：「來求職的人所犯的最大錯誤就是不保持本色，他們不以真面目示人，不能完全的坦誠，給你一些他以為你想要的回答。」可這個做法一點用也沒有，因為沒有人要偽君子，也從來沒有人願意收假鈔票。

有一個電車車長的女兒，非常辛苦地學會了這一點：

　　她想要成為一位歌唱家，可是她的臉長得並不好看。她的嘴很大，牙齒很齙，每一次在新澤西州的一家夜總會裏公開演唱的時候，她總想把上嘴唇拉下來蓋住她的牙齒。她想要表演得「很美」，實際的結果呢？

　　她使自己大出洋相，注定了失敗的命運。可是，在那家夜總會裏聽這個女孩子唱歌的一個人，都認為她很有天分。「我跟你說，」他很直率地說：「我一直在看你的表演，我知道你想掩藏的是甚麼，你覺得你的牙長得很難看。」這個女孩子非常窘迫，可是那個男的繼續說道：「這是怎麼回事？難道說牙長得暴露就罪大惡極嗎？不要想去遮掩，張開你的嘴，觀眾看到你不在乎的話，他們就會喜歡你的。」接着他很犀利地說：「那些你想遮起來的牙齒，說不定還會帶給你好運呢。」

　　凱絲・達莉接受了他的忠告，沒有再去注意牙齒。從那時候開始，她只想到她的觀眾。她張大了嘴巴，熱情而歡快地唱着，終於成為電影界和廣播界的一流紅星，其他的喜劇演員現在都希望能學她的樣子呢。

　　著名的威廉・詹姆斯曾經談過那些從來沒有發現他們自己的人，他說，一般人只發展了百分之十的潛在能力，「跟我們應該做到的比較，」他寫道：「我們等於只醒了一半；對我們身心兩方面的能力，我們只使用了很小的一部分。我們具有各種各樣的能力，卻習慣性地不懂得怎麼去利用。」

　　你和我也有這樣的能力，所以我們不該再浪費任何一秒鐘，去擔心我們不是其他人。**你是這個世界上的新東西**，從開

天闢地到現在，從來沒有任何一個人完全跟你一樣；而將來直到永遠永遠，也不可能再有一個完完全全像你的人。遺傳學告訴我們，你之所以為你，必定是由於你父親的 24 個染色體和你母親的 24 個染色體所遺傳給你的。「在每一個染色體裏，」據阿倫・舒因費說：「可能有幾十個到幾百個遺傳因子，在某些情況下，每一個遺傳因子都能改變一個人的一生。」一點也不錯，我們就是這樣「既可怕又奇妙」地被造就而成的。

即使在你母親和父親相遇而結婚之後，生下的這個人正好是你的機會也只是二十億萬分之一。換句話說，即使你有三十億萬個兄弟姐妹，也可能都跟你完全不一樣。這是光憑想像說的嗎？不是，這是科學的事實。

如果你想對這一點知道得更詳細的話，不妨讀讀一本叫做《遺傳與你》(*You and Heredity*) 的書，這本書的作者就是阿倫・舒因費。我可以和你深談保持本色這個問題，因為我對這一點的感想非常深。我很清楚我自己所談的問題，因為我有過代價相當大的痛苦經驗。我在這裏要說明一下。

當我從密蘇里州的鄉下到紐約去的時候，進了美國戲劇學院，希望能做一個演員。我當時有一個自以為非常聰明的想法，一條通往成功之路的捷徑。當時我認為這個想法非常簡單，非常完美，我不懂為甚麼成千上萬富有野心的人居然沒有發現這一點。這個想法是這樣的，我要去學當年那些有名的演員怎樣演戲，學會他們的優點，然後把每一個人的長處學到手，使我自己成為一個集所有優點於一身的名演員。

多麼愚蠢！多麼荒謬！我居然浪費了大量的時間去模仿別人，最後我終於明白，一定得保持本色，我不可能變成任何人。

這次痛苦的經驗，應該能給我留下長久難忘的教訓才對，可是事實不然。我並沒有學乖，我太笨了，在寫一本關於公開演說的書時，我又有了和以前演戲時一樣的笨想法。

我打算把很多其他作者的觀念都「借」過來放在那本書裏，使它能夠包羅萬象。於是我去買了十幾本有關公開演講的書，花了一年的時間把它們的概念寫進我的書裏。可是最後，我再一次地發現我又做了一次傻事，這種把別人的觀念整個湊在一起而寫成的東西非常做作、沉悶，沒有一個人能夠看得下去。

所以，我把一年的心血都丟進了廢紙簍裏，重新開始。這一回我對自己說：「你一定得保持你自己的本色，不論你的錯誤有多少，能力多麼有限，你也不可能變成別人。」於是我不再試着做其他所有人的綜合體，而捲起我的袖子來，做了我最先就該做的那件事：我寫了一本關於公開演講的教科書，完全以我自己的經驗、觀察，以一個演說家和一個演說教師的身份來寫。

我從華特‧羅里爵士那裏學到了這一課。我說的華特‧羅里爵士，是 1904 年在牛津大學當英國文學教授的那位。「我沒有辦法寫一本足以與莎士比亞媲美的書，」他說：「可是我可以寫一本由我自己寫成的書。」

保持你自己的本色，像歐文‧柏林給喬治‧蓋許文的忠告

那樣：當柏林和蓋許文初次見面的時候，柏林已經很有名，而蓋許文還是一個剛出道的年輕作曲家，一個禮拜只賺 35 美元。柏林很欣賞蓋許文的能力，就問蓋許文願不願做自己的秘書，薪水大概是他當時收入的 3 倍。「還是不要接受這個工作，」但柏林又忠告說：「如果你接受的話，你可能會變成一個二流的柏林。但如果你堅持繼續保持你自己的本色，總有一天，你會成為一個一流的蓋許文。」

蓋許文接受了這個忠告，後來，他終於成為當時美國最重要的作曲家之一。

卓別林、威爾‧羅吉斯、瑪麗‧瑪格麗特‧麥克布蕾、金‧奧特雷，以及其他好幾百萬的人，都學過我在這章裏想要讓各位明白的這一課，他們也學得很辛苦，就像我一樣。

卓別林開始拍電影的時候，那些電影導演都堅持要卓別林模仿當時非常有名的一個德國喜劇演員，可是，卓別林還是要到創造出一套自己的表演方法之後，才開始成名。鮑勃‧霍伯也有相同的經驗。他多年來一直在演歌舞片，結果毫無成績，一直到他發展出自己講笑話的本事之後，才成了名。威爾‧羅吉斯在一個雜耍團裏不說話光表演拋繩技術，持續了好多年。最後他才發現自己在講笑話上有特殊的天分，於是就在耍繩表演時說上一段笑話，結果成名了。

瑪麗‧瑪格麗特‧麥克布蕾剛剛進入廣播界的時候，想做一個愛爾蘭喜劇演員，結果失敗了。後來她發揮了她的本色，做一個從密蘇里州來的平凡鄉下女孩子，結果成為紐約最受歡

迎的廣播明星。

金‧奧特雷剛出道的時候，想要改掉他得州的鄉音，像城裏的紳士一樣，自稱是紐約人，結果大家都在背後笑他。後來他開始彈五弦琴，唱他的西部歌曲，開始了他那了不起的演藝生涯，成為在電影和廣播兩方面最有名的西部歌星。

你在這個世界上是個新東西，你應該為這一點而慶幸，應該盡量利用大自然所賦予你的一切。歸根結底，所有的藝術都帶着一些自傳性質：**你只能唱你自己的歌，只能畫你自己的畫，只能做一個由你的經驗、環境和你的家庭所造成的你**。不論好壞，你都要創造一個自己的小花園；不論好壞，你都要在生命的交響曲中，演奏你自己的樂章。就像愛默生在他那篇《論自信》的散文裏所说的：

在每一個人的教育過程中，他一定會在某個時期發現，羨慕就是無知，模仿就是自殺。不論好壞，他必須保持本色。雖然廣大的宇宙間充滿了好的東西，可是，除非他耕耘自己的土地，否則他絕對沒有好的收成。他所有的能力都是自然界的一種新能力，除了他之外，沒有人知道他能做出些甚麼，他能知道些甚麼，而這都是他必須去嘗試求取的。

另一位詩人道格拉斯‧馬洛奇如是说：

假如你不能成為山巔上的一棵勁松，

那就做一株山谷中的灌木吧！

但要做一株溪邊最好的灌木；

假如你不能成為一棵參天大樹，

那就做一片灌木叢林吧！

假如你不能成為一株灌木，

不妨就做一棵小草，給道路帶來一點生氣！

你如果做不了麋鹿，

就做一條小魚也不錯！

但要做湖中最活潑的一條！

我們不能都做船長，總得有人當船員，

每人都得各司其職；

不管是大事還是小事，

我們總得完成份內的工作。

做不了大路，就做羊腸小道，

不能成為太陽，當星星又何妨；

成敗不在於大小，

只在於你是否已竭盡所能。

平安快樂的第五條原則：

發現自我，保持自我本色，切勿模仿他人。

卡耐基心得 Dale Carnegie's Tip

發現自我，保持自我本色，切勿模仿他人。

將不利因素轉化為有利因素

生活中不如意十有八九。

不僅在必要情況下忍受一切，

而且還要喜愛這種情況，

鍛煉出一種「化負為正」的能力。

貝多芬聾了之後才作出更好的曲子，可見缺憾對我們常有意外的幫助。在寫這本書的時候，有一天，我到芝加哥大學去請教羅勃‧梅南‧羅吉斯校長如何獲得快樂。他回答說：「我一直試着遵照一個小忠告去做，這是已故的西爾斯公司董事長裘利亞斯‧羅出幹告訴我的，他說：『如果有個檸檬，就做檸檬水。』」

這是一名偉大教育家的做法，而傻子的做法正好相反。要是他發現生命給他的只是一個檸檬，他就會自暴自棄地說：「我垮了，這就是命運，我連一點機會也沒有。」然後他就開始詛咒這個世界，讓自己沉溺在自憐之中。可是，當聰明人拿到一個檸檬的時候，他就會說：「從這件不幸的事情中，我可以學到甚麼呢？我怎樣才能改善我的狀況，怎樣才能把這個檸檬做成一杯檸檬水？」

　　花了一輩子來研究人類的潛能後，偉大的心理學家阿佛瑞德‧安德爾說，人類最奇妙的特性之一，就是「把負變為正的力量」。

　　下面是一個很有趣也很有意義的故事，故事的主角是一個我認識的女人，她的名字叫瑟瑪‧湯普森。她告訴我她的經驗：

　　我先生曾經駐守在加州莫嘉佛沙漠附近的陸軍訓練營。為了和他接近一點，我也搬到那裏去住。我很討厭那個地方，簡直是深惡痛絕。我從來沒有那樣苦惱過，我先生被派到莫嘉佛沙漠去出差，我一個人被迫留在一間小小的破屋裏。那裏熱得叫人受不了，即使是在大仙人掌的陰影下，也還是華氏125度的高溫。

　　除了墨西哥人和印第安人之外，沒有人可以和你談話，而那些人又不會說英語。風不停地吹着，所有吃的東西和呼吸的空氣裏都是沙子，到處都是沙子！沙子！沙子！

　　我當時真是難過得一塌糊塗，為此，我寫了封信給我的父母，告訴他們我受不了要回家，我說我連一分鐘也待不下去，還不如住到監獄裏去算了。我父親的回信只有兩行字，這兩行字一直留在我的記憶中，使我的生命為之改觀：「兩個人從監獄的鐵柵欄裏往外看，一個看見爛泥，另外一個看見星星。」

　　我把這兩行字唸了一遍又一遍，覺得非常慚愧。我下定決心，一定要找出在當時的情形下還有甚麼好地方，我要去看那些「星星」。

　　我和當地的人成了朋友，他們的反應令我十分驚奇。當我表示對他們織的布和做的陶器感興趣時，他們竟把不肯賣給觀光客的東西當禮物送給我。我仔細欣賞仙人掌和他們織布時令人着迷的姿態，我學到了關於土撥鼠的知識，我去看沙漠的日落，還去找貝殼，我不知道在 300 萬年前，那裏是一片沙漠還是海床。

　　是甚麼使我產生這樣驚人的改變呢？莫嘉佛沙漠絲毫沒有改變，那些印第安人也沒有改變，可是我變了。我的態度改變了，把一些令人頹喪的境遇變成我生命中最刺激的冒險。這個嶄新的世界使我既感動且興奮。我高興得為此寫了一本叫《光明的城壘》(*Bright Ramparts*) 的小說，我從自己設下的監獄往外望，找到了星星。

　　瑟瑪‧湯普森還意識到了公元前 500 年希臘人所教的一條真理：「最好的都是最難得到的。」

　　20 世紀，哈瑞‧愛默生‧福斯狄克把這句話又重説了一遍：「快樂大部分並不是享受，而是勝利。」不錯，這種勝利來自於一種成就感，也來自於我們能把檸檬做成檸檬水。

　　我去拜訪過一位住在佛州的快樂農夫，他甚至把一個「毒檸檬」做成了檸檬水——當他買下那片農場時，覺得非常頹喪，那塊地既不能種水果，也不能養豬，能生長的只有白楊樹和響尾蛇。然後他想到了一個好主意，要把它們變做一種資產，他要利用那些響尾蛇。他的做法讓每一個人都很吃驚，因為他開

始做響尾蛇肉罐頭。幾年前我去看他，發現每年來參觀他的響尾蛇農場的遊客差不多有兩萬人。他的生意做得非常大，我看到由他養的響尾蛇所取出來的蛇毒，被運送到各大藥店去做蛇毒的血清；響尾蛇皮以很高的價錢賣出去做女人的鞋子和皮包；裝着響尾蛇肉的罐頭被送到全世界各地的顧客手裏。我買了一張印有那個地方照片的明信片，在當地的郵局把它寄了出去。這個村子現已改名為佛州響尾蛇村，以紀念這位先生。

我經常在美國各地旅行，有幸見過很多成功的男人和女人，他們都表現出了「把負變正的能力」。

已故的威廉‧波里索是《十二個以人力勝天的人》(Twelve Against the Gods) 一書的作者，他曾經這樣說過：「生命中最重要的一件事就是，不要把你的收入拿來算做資本。任何一個傻子都會這樣做，但真正重要的是，要從你的損失裏去獲得好處。這就需要有才智才行，而這一點，也正是一個聰明人和一個傻子的真正區別。」

波里索說這段話的時候，剛在一次火車失事中摔斷了一條腿。我還知道一個斷了兩條腿的人，也把他的遭遇「由負變正」了，他的名字叫班‧符特生。我是在喬治亞州大西洋城一家旅館的電梯裏碰到他的，在我踏入電梯的時候，我注意到這個看上去非常開心的人，他的兩條腿都斷了，坐在一張放在電梯角落裏的輪椅上。

當電梯停在他要去的那一層時，他很開心地問我是否可以往旁邊讓一下，讓他轉動他的椅子。「真對不起，」他說：「這

樣麻煩您。」他說這話的時候，臉上露出一種非常溫和的微笑。

當我離開電梯回到房間之後，除了這個很開心的傢伙，別的甚麼也不去想。於是我去找他，請他把他的故事告訴我。

事情發生在 1929 年，我砍了一大堆胡桃木的枝幹，準備做我菜園裏豆子的撐架。我把那些胡桃木枝子裝在我的福特車上，開車回家。突然間，一根樹枝滑到車上，恰好在車子急轉彎的時候卡在引擎裏，車子衝出道路，撞在樹上。我的脊椎受了傷，兩條腿都麻痹了。

出事的那年我才 24 歲，從那以後，我就再也沒有走過一步路。

他才 24 歲，就被判終身坐着輪椅生活，我問他怎麼能夠這樣勇敢地接受現實，他說：「我當時並不能這樣。」當時他充滿了憤恨和難過，抱怨自己的命運。可是，一年年過去，他終於發現，憤恨使他甚麼也做不成。「我終於了解，」他說：「大家都對我很好，很有禮貌，所以我至少應該做到的是，對別人也很有禮貌。」

我問他，經過了這麼多年以後，他是否還覺得他所碰到的那次意外是一次很可怕的不幸，他很快回答：

「不會了，」他說：「我現在幾乎很慶幸有過那一次事故。」他告訴我，當他克服了懊惱和悔恨之後，就開始生活在一個完全不同的世界裏。他開始看書，對好的文學作品產生了喜愛。

他說，在 14 年裏，他至少唸了 1,400 多本書，這些書為他帶來全新的境界，使他的生活變得比他以前所想到的更為豐富。他開始聆聽很多好音樂，以前讓他覺得煩悶的偉大的交響曲，現在都能使他非常的感動。可最大的改變是，他現在有時間去思考。「有生以來第一次，」他說：「我能讓自己仔細地看看這個世界，從而形成了真正的價值觀。我開始了解以往我所追求的東西，大部分實際上一點價值也沒有。」

看書的結果，使他對政治產生了興趣。他研究公共問題，坐着他的輪椅去各處發表演說，由此認識了很多人，很多人也因此認識他。今天，班・符特生仍然坐着他的輪椅，卻已經成了喬治亞州政府的秘書長。

在過去的 35 年裏，我一直在紐約市主辦成人教育班。我發現很多成年人最大的遺憾是，他們從來沒有上過大學。他們似乎認為，沒有接受大學教育是一個很大的缺陷。我知道這話不一定對，因為我知道成千上萬成功的人士連中學都還沒有畢業。所以，我常常對這些學生講一個我認識的人的故事：

那個人甚至連小學都沒有畢業。他家裏非常窮苦，在他父親過世的時候，還得靠父親的朋友募捐，才能把父親埋葬。父親死後，他母親在一家製傘廠裏做事，一天工作 10 個小時，還要帶工作回家，一直做到晚上 11 點。

這個在這種環境下長大的男孩子，曾參加當地教堂舉辦的一次業餘戲劇演出活動。演出時他覺得非常過癮，因而他決定去學演講，這種能力又引導他進入政界。才 30 歲，他就當選為

紐約州的議員。

可是，他對這項任命卻一點準備也沒有。他告訴我，他甚至不知道這是怎麼回事。當他研究那些要他投票表決的既長又複雜的法案時，他感覺這些法案就好像是用印第安文寫的一樣。在他當選為森林問題委員會的委員時，他覺得既驚異又擔心，因為他從未走進森林一步。當他當選州議會金融委員會的委員時，他也很驚異，因為他甚至不曾在銀行裏開過戶口。他告訴我，他當時緊張得幾乎想向議會辭職，只是他羞於向母親承認他的失敗。

在絕望中，他下定決心每天苦讀 16 個小時，把他那無知的檸檬變成一杯知識的檸檬水。這樣努力之下的結果，使他從一個當地的小政治家變成了全國知名的人物，《紐約時報》甚至稱呼他為「紐約最受歡迎的市民」。

我說的是艾爾·史密斯。

當艾爾·史密斯開始他那自我教育的政治課程 10 年後，他成為了對紐約州政府一切事務最有權威的人。他曾四度當選為紐約州州長，這是一個空前絕後的紀錄。

1918 年，他成為民主黨總統候選人，有 6 所大學，其中包括哥倫比亞大學和哈佛大學，把名譽學位贈給這個甚至連小學都未畢業的人。

艾爾·史密斯親口告訴我，如果他當年沒有一天苦讀 16 個小時以「化負為正」的話，所有這些事情都不可能發生。

尼采對超人的定義是：「不僅在必要情況下忍受一切，而且還要喜愛這種情況。」

我愈研究那些有成就者的生平，就愈加深刻地感覺到，他們之中有非常多的人之所以成功，都是因為開始的時候有一些妨礙他們的缺陷，促使他們加倍地努力而得到更多的回報。正如威廉·詹姆斯所說：「我們的缺陷對我們有意外的幫助。」不錯，很可能密爾頓就是因為瞎了眼，才能寫出更好的詩篇來；而貝多芬正是因為聾了，才能作出更好的曲子。

海倫·凱勒之所以能有光輝的成就，也就是因為她的瞎和聾；柴可夫斯基那個悲劇性的婚姻幾乎使他瀕臨自殺的邊緣，如果他的生活不是那麼的悲慘，他也許永遠不能寫出那首不朽的《悲愴交響曲》；如果陀思妥耶夫斯基和托爾斯泰的生活不是那樣的充滿挫折，他們可能也永遠寫不出那些不朽的小說。

「如果我不是有殘疾，」那個創造生命科學基本概念的人寫道：「我也許不會做到我現在所完成的這麼多的工作。」達爾文坦白承認，他的殘疾對他有意想不到的幫助。

達爾文出生的那一天，另外一個孩子誕生在肯塔基州森林的一座小木屋裏，他的缺陷也對他有幫助。他的名字就是亞伯拉罕·林肯。如果他出生在一個貴族家庭，在哈佛大學法學院得到學位，而又有幸福美滿的婚姻，他也許不可能在心底深處發出那個在蓋茨堡發表的不朽演說，也不會有他在第二次政治演說中所說的那句名言，這是美國總統所說的最美也最高貴的一句話：「不要對任何人懷有惡意，而要對每一個人懷有喜愛。」

哈瑞・愛默生・福斯狄克在他那本《明察一切》(*The Power to See it Through*) 中說：「斯堪的納維亞半島人有一句俗話，我們都可以拿來鼓勵自己：北風造就維京人。我們為甚麼會覺得有安全感沒有任何困難，而且舒適清閒的生活，能夠使人變成好人或者更快樂呢？相反，那些可憐自己的人會繼續可憐自己，即使舒舒服服躺在一個大墊子上時也不例外。可是在歷史上，一個人的性格和他的幸福，卻來自各種不同的環境，好的、壞的，各種不同的環境，只要他們肩負起個人的責任。所以我們再說一遍：北風造就維京人。」

假設我們頹喪到極點，覺得根本不可能把我們的檸檬做成檸檬水。那麼，下面是我們為甚麼應該試一試的兩點理由，它告訴我們，為甚麼我們只賺不賠。

第一條理由：**我們可能成功。**

第二條理由：**即使我們沒有成功，只是試着「化負為正」，也會使我們只向前而不會向後看。**所以，用積極的思想來替代消極的思想，能激發你的創造力，能激發我們忙到根本沒有時間也沒有興趣去憂慮那些已經過去和完結了的事情。有一次，世界最有名的小提琴家歐利・布林在巴黎舉行一場音樂會，突然 A 弦斷了。歐利・布林就用另外的 3 根弦演奏完那支曲子。「這就是生活，」他說：「如果你的 A 弦斷了，就在其他弦上把曲子演奏完。」

這不僅是生活，而且比生活更可貴，這是一次生命的勝利。如果我能夠做到，我會把威廉・波里索的這句話刻在銅版

上，掛在每一所學校裏:「生命中最重要的一件事,就是不要把你的收入拿來算做資本。任何傻子都會這樣做,但真正重要的是,要從你的損失裏去獲得好處。這就需要有才智才行,而這一點,也正是一個聰明人和一個傻子的最大區別。」

能給我們帶來平安快樂的第六大原則是:

命運交給你一個酸檸檬,你得想法把它做成甜的檸檬汁。

卡耐基心得 Dale Carnegie's Tip

命運交給你一個酸檸檬,
你得想法把它做成甜的檸檬汁。

忘卻自己，關注他人

送人玫瑰，

手留餘香。

多為別人着想，

不僅可以減少煩惱，

同時會使你認識更多的朋友，

並獲得更多的歡樂。

　　當我準備寫這本書時，我曾為徵集「我如何克服憂慮」的真實感人故事，而設立了一份 200 美元的獎金。

　　這次徵文聘請了 3 位評委：東方航空公司董事長艾迪·雷特貝克、林肯大學校長斯圖倫特·麥克蘭德以及廣播新聞評論家卡博恩。在我們收到的許多故事中，有兩篇十分精彩的佳作，難分上下。最後，我們決定讓兩位作者共享這份獎金。下面是波頓講述的故事：

　　我在 9 歲時，再也沒有見到我的母親，12 歲時我的父親也去世了。母親有一次出門後，再也沒有回來過，同時也帶走了我的兩個妹妹。母親離家 7 年後，我才收到她寄來的第一封

信。父親在我母親出走的第3年，死於一次意外事故。在密蘇里州的一個城鎮，父親與一個人合夥開了一家咖啡廳。當父親外出辦事時，那個合夥人趁機變賣了咖啡廳，然後逃之夭夭。父親的一個朋友將此情況發電報告訴他，讓他盡快回來。慌亂之中，父親在堪薩斯州發生了車禍而不幸身亡。我的兩位姑媽都年老有病，由於非常貧窮，她們只能收留我們家的3個孩子。這樣，我和小弟就無人照看了，好在有位好心人收留了我們。我們最害怕別人把我們當孤兒看待，這讓我們的內心十分不安。我在窮人家住了一段時間，後來，我居住的那家主人又失業了，他們家再也不能多養活一個人。

這時，多虧洛夫廷夫婦收留了我，他們家住在離鎮上11英里的一個農場裏。洛夫廷先生長年臥病在床，並且他已70歲高齡，他對我說，一不准說謊，二不准偷竊，三必須聽話，做到這幾點才能和他們永遠生活在一起。我一直將這3條紀律記在心裏，成了我日常的行為準則，而且我做得很好。我開始進入學校，但是第一個星期的情況讓人難堪。其他的小朋友總是笑我的大鼻子，嘲笑我是小笨豬，稱我是沒有父母的小孤兒。我十分傷心，真想跟他們打一架。但是洛夫廷先生勸告我說：「你永遠要記住，一個真正的男子漢不應該隨便跟人打架！」所以我總不跟他們糾纏。然而有一天，一個男生抓起一把雞屎拋到我的臉上，我再也無法容忍，就撲上去狠揍了他一頓，在一旁觀看的小孩子都認為他該挨揍，就這樣，我和他們交上了朋友。

有一天，洛夫人為我買了一頂新帽子，我非常喜愛。但

是，一個高年級女生從我頭上把它搶過去用來灌水，結果把帽子弄壞了。她很不在乎地說，要把帽子裝水澆在我的木頭腦袋上，好讓我開開竅。我沒有在學校哭，但回家後，我再也忍不住了，就大哭起來。有一天，洛夫人把我叫了過去，她教給我一個化敵為友的辦法。她對我說：「波頓，如果你試着幫他們甚麼忙，讓他們對你產生好感，他們就不會再欺負你了。」於是，我將她的建議牢記在心，開始努力學習。當我成為全班成績最好的學生時，並沒有招致妒忌，因為我總是樂於助人。

我教幾個男生寫作文，其中有一個男生因害怕別人知道我在幫他，就對他媽媽撒謊說他去抓動物了，然後悄悄來到洛夫人家，把狗拴在倉庫裏，讓我幫他補習功課。我還曾幫一名同學寫讀書感想，還用去數個晚上的時間幫一名女生補習數學。那段時間，村裏有兩位老人去世了，還有一位夫人被丈夫拋棄，我就成了這幾個家庭裏唯一的男子漢。兩年來，我一直幫助這幾位可憐的夫人。放學後，我就到她們家幫她們劈柴、擠牛奶、餵牲畜。

現在，人們不再嘲笑我，反而讚揚我，我成了大家的好朋友。當我從海軍退伍回來後，他們對我表現出了真正的熱情與歡迎。我剛到家的那一天，有 200 多位鄰居來看望我，甚至還有人開了 80 英里的車遠道來看我，他們對我表現出了真正的關切。13 年來，再也沒有人取笑我，說我是笨蛋和孤兒了。由於我一直在幫助別人，所以，我現在的生活中很少有煩惱。

為波頓先生叫好吧！他懂得怎樣與人交往，他也明白排除

憂慮和享受生活的訣竅。

　　癱瘓在床 23 年的弗蘭克·盧普博士也有同樣的經驗。在西雅圖《星報》的斯圖爾特·懷特斯曾對我說：「我採訪過盧普博士很多次，我所知道的人中，就數他最無私、最會享受人生。」

　　這位長年臥床的病人是如何享受人生的呢？是怨天尤人，還是以自我為中心、一味自憐呢？不，肯定不是。因為他遵從了威爾斯王子的誓言：「我為大家服務。」他收集了很多癱瘓在床的病人的姓名和地址，然後給他們寫慰問信。他還組建了一個病友俱樂部，讓病友們相互寫信鼓勵，最後發展成了一個全國性的組織。

　　他躺在病床上，平均每年要寫 1,400 封信，為成百上千的病友送去歡樂。

　　盧普博士與其他人最大的不同是：他有崇高的信念和神聖的使命感。他深深體會到，奉獻精神比一切都偉大，並且會給所有人帶來純正的歡樂。正如蕭伯納所言：「一個以自我為中心的人必定淪陷於對生活的抱怨中，因為世界不能使他快樂。」

　　令我深受震撼的是，著名心理學家阿德勒經常對憂慮症患者說：「如果你每天想着一個人，你要設法讓對方開心。按照這個方法去做，保證兩個星期內，你就能醫治好憂慮症。」

　　這句話聽起來有些荒誕，所以，我從阿德勒博士所著的《生活的意義》(What Life Should Mean to You) 一書中摘錄幾個

段落，供大家鑒賞：

憂慮症是一種長時間對他人怨恨的情緒，目的是引起別人的同情、關愛與認同，而病人仍然感到沮喪。憂慮症病人常回想的第一件事情：我記得有一次我很想躺在哥哥坐的沙發上，可是他不讓，我就一直哭個不停，直到他起來讓座為止。

憂慮症病人常常會選擇自殺，因此醫生最先要做的，是不給他任何自殺的理由。我治療的方法，首先是緩解任何緊張的氣氛，讓他們放鬆下來，我會告訴病人：「你千萬別去做任何你不願意做的事情。」這聽起來像是廢話，但我深信所有問題都來源於此。如果病人可以事事順心，那他還能埋怨誰呢？又有甚麼理由自殘？我提醒他們：「如果你想去看場電影或休假，那就去吧。如果半路上你又改了主意，那就儘管滿足自己。」這樣，他的優越感就得到了滿足，他像上帝一樣來去自由。他本來想埋怨、支配他人，假如大家事事都隨他便，他就沒有藉口了。病人時常會說：「我對任何事情都沒興趣。」我早就知道如何回答他們了，我聽過不下一千次，我會說：「任何你不喜歡的事情，你都不用去做了。」有時會有人回答：「我想一整天躺在床上。」我明白只要我答應，他就不會那樣做，而一旦我不答應，就會引起軒然大波。所以，我毫不猶豫地表示同意。

這是一種交流的方法，而另一種幫助他們的方法則更為直接，我告訴他們：「只要遵守這個建議，保證你在兩個星期內痊癒，那就是每天想方設法讓別人愉快，看他們有甚麼反

應。」他們的大腦早已被自己佔滿了，他們會想：我有必要去管別人嗎？也有人會說：「這是我的老本行，我總在想法讓他人開心。」事實上，他們從來沒有做過。我讓他們多想想這件事情，而他們立刻丟在腦後。我對他們說：「適當的時候，你可以認真想一個你願意讓他開心的人，這對你的健康非常有益。」第二天，我問他們：「你昨天晚上有沒有認真想一想呀？」他們一般會回答：「昨天晚上我沾床就睡着了。」當然，這一切都是在一種平等、友善的氛圍下進行的，不能給他們任何壓力。

有人會說：「我已經煩透了，我可做不到！」我說：「讓煩惱繼續吧，你只要抽空去想一想別人就行了。」我要做的，是把他們的視線向別人身上轉移一下。很多人問：「為何要我去取悅別人？為甚麼不是別人來取悅我呢？」我回答說：「這樣你會獲得健康，其他的人將來不一定比你快樂。」我遇到的病人幾乎沒有人說：「我按照你的建議去做了。」我能做的不過是漸漸提高病人對別人的興趣。我了解他們缺乏和別人的交流，我要讓他們認識到這一點，如果有一天，他能把別人放在和自己平等的地位，他的病就好了。十誡中最難做到的一條是「喜愛你的鄰人」，以自我為中心的人不但會給自己帶來困擾，而且會傷害到周圍的人，人類幾乎所有的失敗都是由他們導致的。我們對別人的要求以及給予別人的最高讚美是：他是一個好同事、好朋友、好戀人和好伴侶。

阿德勒博士提醒我們每天做一件善事，怎樣才叫善行呢？

先知穆罕默德説：「善事就是能給他人帶來快樂的舉動。」為何每天做一件善事，會對我們有很大的幫助呢？因為**當我們取悦他人的同時，就無暇自怨自艾，沒機會憂慮、恐懼與苦悶了。**

威廉‧蒙恩夫人在紐約開辦了一所蒙恩秘書學校，她用了不到兩週的時間就擺脫了憂慮，實際上，因為一對孤兒的出現，她在一天之內就擺脫了憂慮。蒙恩夫人向我講述了下面的故事：

5年前的12月份，我的情緒十分低落，我失去了與我共度多年幸福時光的先生。我的哀傷隨着聖誕節的臨近日益沉重，我從未曾獨自一人過聖誕節，所以，我愈來愈恐懼聖誕節的來臨。朋友們邀我與他們共度節日，但我不敢赴約。我明白，去任何幸福的家庭，都會令我因回憶往事而傷心，我只好謝絕他們的好意。是的，儘管我還有不少應當慶幸的事情，但我還是被傷心淹沒了。聖誕夜當天的下午3點，我獨自離開辦公室在街道上漫不經心地閒逛，希望能忘卻內心的孤單與憂慮。看着街上充滿歡樂的人群，我觸景生情。我不敢一個人回到空空蕩蕩的公寓。我漫無目的，不知道怎麼辦，禁不住淚流滿面。一個多小時過去了，我發現自己停在公共汽車站，這讓我想起我和先生曾經一起坐公共汽車去探險旅行，我不由自主地走上了第一部開過來的公交汽車。經過哈德遜河後不久，乘務員説：「終點站已經到了，夫人。」我下了車後不知自己身在何處，不過那裏卻是十分安靜平和。在等候回程車的時候，我去逛了住宅區。當我路過一座教堂時，優美的《平安夜》樂曲從裏面傳了出來，我走了進去，發現裏面沒有人，只有一位

風琴手在盡情地彈奏。我靜坐在教友席上，五光十色的聖誕樹美極了，音樂也很美，加上我一天都不想吃東西，疲倦讓我慢慢進入了夢鄉。

當我醒來時，我發現有兩個小孩在面前，他們是來看聖誕樹的。其中有一個小女孩指着我說：「她是和聖誕老人一起來的吧？」我醒來時，顯然也把他們嚇了一跳。我對他們說：「孩子，別害怕，我是個好人。」

他們穿着很襤褸，我問他們：「你們的父母呢？」他們回答說：「我們是孤兒。」聽到這裏，我感到很慚愧，這兩個孩子的情況比我悲慘多了。我領着他們去觀賞聖誕樹，帶他們去商店買些糖果、食品和小禮物。我的悲傷和孤獨感頓時消失了，這兩個小孤兒讓我感受到數月以來第一次真正的關懷與快樂。我通過跟他們交談，發現自己是個幸運兒。我由衷地感謝上帝，我兒時的聖誕過得是那麼愉快，一直享受着雙親的疼愛與呵護。這兩個小孤兒帶給我的，遠比我給他們的要多得多。這次的經歷讓我懂得，要使自己快樂，只有首先讓別人快樂。我發覺快樂是有感染力的，因為幫助別人、關愛別人，使我克服了憂慮、悲傷與自憐情緒，而有涅槃的感覺。我確實改變了很多，這種改變一直受用至今。

我完全可以寫一本因為忘我幫助他人而重回健康快樂的書，這種故事舉不勝舉。我們還是先來看看瑪格麗特·泰勒·葉芝的故事吧，她是最受美國海軍歡迎的女士。

葉芝夫人是一位作家，但發生在她身上的故事比她所寫的

小說更真實更精彩，故事發生在日本偷襲珍珠港的當天早晨。
葉芝夫人由於心臟病的緣由，一年多來臥病在床，一天裏有 22
個小時得在床上度過。她所能走的最長的路，是由房間到花園
去曬太陽。即使如此，她還得靠女傭扶着才能走到花園。她講
述道：

我當時認為自己下半生就這樣癱在床上了。假若不是日
軍偷襲珍珠港，我就幾乎不能再真正投入到生活的懷抱了。

轟炸開始時一片混亂，一枚炸彈正好落到我家旁邊，我
被震下了床。軍隊派出汽車去接軍屬的妻兒到學校躲避。紅
十字會的人知道我床旁有一部電話，希望我幫忙做聯絡工作。
於是，我開始記錄那些海軍、陸軍的家屬現在流落何處，而紅
十字會的人會通知那些軍人打電話到我這裏來查找他們家人
的情況。我很快得知我丈夫是安全的。於是，我努力鼓勵那些
還不知自己丈夫生死的夫人，同時安慰那些一夜之間變成寡婦
的夫人。此次死亡的官兵總共 2,117 人，另有 960 人下落不明。

開始時，我還是躺在床上接聽電話，隨後我便坐起來了。
最後，由於忙碌和緊張，我竟將自己的病情忘得一乾二淨，我
下床坐到桌邊，去幫助那些比我更為悲慘的人，我也並不需要
躺在床上了。這樣，我每天要工作 16 個小時。

我發現，要不是日本偷襲珍珠港，我可能下半生都要虛
度在床上了。那時我舒服地躺在床上，只是消極地生活着。現
在我明白，那個時候，我根本失去了恢復的信念與希望。

日軍偷襲珍珠港是美國歷史上的慘劇，然而對我而言，

卻是改變我一生的一件大事。這次災難讓我發覺自己不曾知曉的力量，它讓我從只關注自己轉移到關注他人身上，它也給了我繼續生活下去的重要信心，使我沒有時間去關注或哀歎自己的疾病。忘掉自己，讓我獲得了有意義的新生。

有心理障礙的病人，如果都能像葉芝夫人那樣去關心和幫助他人，起碼有三分之一以上的人會痊癒。這可不是我的一家之言。著名心理學家榮格說：「我的病患者中有三分之一以上在醫學上找不出任何病因，他們只是不知道生活的意義在哪裏。他們以自己為中心，只關注自己。」換個說法，他們的一生只想搭個便車，被寂寞和無聊要脅，所以他們只好去求助於心理醫師。當他們沒有趕上那班已開走的渡輪時，就開始怪罪碼頭上的除了他們自己的所有人。他們一向以自我為中心，要求全世界來為他們服務。

你現在沒準會說：「這些事有甚麼可大驚小怪的，假如在聖誕節遇到孤兒，我同樣會關照他們。假如我遭遇了珍珠港事件，我也會很樂意像葉芝夫人一樣去做那些善事。然而我的情況畢竟與他們不同，我的生活過得非常平淡，我每天按部就班工作8個小時，從來沒有發現任何有趣的事。我怎麼可能有興趣去關心和幫助他人呢？我為甚麼要幫助他人？這些對我有甚麼好處呢？」

這樣的想法還算正常，還是讓我來回答你的那些疑問。不論你的人生多麼乏味，你每天總會遇到一些人，你將如何對

待他們？你只是熟視無睹，還是想跟他們聊聊？比如郵差，他一天要走幾百英里的路程為大家送信，你是否關心過他住在哪兒？你了解過他妻子和孩子的狀況嗎？你詢問過他是否感到疲憊或感到枯燥嗎？

你留意過百貨公司售貨員、送報員、擦鞋童工嗎？他們也和我們一樣是人，他們也有苦悶、有夢想和對未來的抱負，他們也希望和別人交流，你是否為他們提供過這樣的機會？你是否對他們的生活表示過關心？你不一定非要變成南丁格爾或社會變革者，但你完全可以從明天遇到的第一個人開始，學會去幫助和關心他人。這樣做對你有甚麼裨益？那當然是讓你更快樂、更滿足、更自豪。亞里士多德把這種觀念稱為「開明的自私觀念」。宗教學者左羅斯特拉說：「對別人好不是壓力，而應該被看成是一種享受，因為它能使你健康快樂。」佛蘭克林說得更簡單：**「取悅別人事實上是取悅自己。」**

紐約心理服務中心主任林克曾說：「我認為現代心理學一項最重要的成果，就是科學地證明了為實現自我價值與獲得快樂，付出與遵守紀律非常必要。」

多為別人着想不僅可以減少煩惱，同時會使你認識更多的朋友，獲得更多的歡樂。耶魯大學的威廉‧費爾普斯教授曾對我說：

我不論到酒店、理髮店或商店時，都會和我遇到的人交談。我要讓他們感到自己是一個受人敬重的人，而不是一部機

器或工具。在商店裏，有時我會稱讚女服務員的眼睛或頭髮非常漂亮。我會詢問理髮師在理髮時站一整天累不累，這一行幹了多久，大概給多少人理過頭髮，我會和他一起來算一算。我發現對他們所做的事情感興趣，這給他們帶來極大的快樂。我經常和行李搬運工握手，這會讓忙累一天的他們感到輕鬆。在一個炎熱的夏天我乘車旅行，當我到餐車上吃午餐時，那裏非常擁擠、悶熱，服務生根本忙不過來。當服務生終於把菜單遞給我時，我對他說：「天氣這樣熱，今天的廚師可真辛苦啊！」服務生聽後激動地說：「天啊！客人都在抱怨這兒的飯菜差、價錢貴、服務慢，還嫌這兒熱。這些抱怨我聽了 19 年啦，你是唯一一位對廚師表示過理解的客人，我祈求能有更多的客人像你一樣。」

　　只因為我對廚師的工作表示了認同，服務生就感到如此滿足，可見人所期待的，不過是他人對自己的認同與關注。有時我在路上散步時，遇到有人帶狗出來，總會誇他的狗漂亮。當我回頭看時，經常看到那人欣慰地撫摸自己的狗，我的讚美讓他更加喜愛自己的狗。

　　有一次，我在英國遇見一位牧羊人，我熱情地讚美他那隻聰明伶俐的牧羊犬，還問牧羊人是如何訓練牠的。我離開後，只見那隻牧羊犬正依偎在主人肩上，而牧羊人在愛撫牠的頭。只因為我對牧羊人的狗感興趣，就讓他非常開心，那隻牧羊犬也很開心，我自己也是。

　　試想一下，一個經常跟搬運工握手，又對廚師表示關切，

並經常讚賞別人的狗的人，怎麼會整日愁眉苦臉、乏味無聊而需要看心理醫師呢？中國有句諺語：「送花給人，十指留香。」

這是一位女士講的故事，她現在已經是個祖母了。多年前，我去一個小鎮演講，住在這位女士家一晚，第二天，她開車送我到 50 英里外的車站乘火車。一路上，她向我講述了她從沒向其他人透露過的親身經歷，她說：

我出生在一個貧困的家庭中，那時住在費城，靠社會救濟金生活。貧困讓我感到十分痛苦，我不能像其他少女那樣愉快地參加社交活動。我的衣服不太漂亮，窄小且款式都已經很過時了。我覺得沒面子，常常在哭泣中睡着。沮喪中，我突然有了一個想法，我開始在每次聚會時，邀請我的男伴講述他的經歷、人生觀和對明天的設想。說實話，我並不是對他們所講的內容感興趣，只是為了分散他們的注意力，不讓他們注意那讓我自己沒有信心的衣着。然而，令人驚奇的是，在他們的講述中，我漸漸學到了一些可貴的東西，並對它們興味盎然，甚至都忘了自己的寒酸衣着。更讓我欣喜的是：由於我已經成為一個很好的傾聽者，又會鼓勵他們講述自己的經歷，他們和我在一起時，總是能夠感到十分快樂，這使我成為最受歡迎的女孩，有 3 位男士都向我求婚。

也許有讀者會說：「這完全是胡扯！我才不去管別人的事，我的事情是好好賺錢，得到自己想要的東西，其他人和我有甚麼關係呢？」

你當然是自由的，可以有自己的選擇。但是，假如你這樣做是對的，那些偉大的人，如耶穌、孔子、釋迦牟尼、柏拉圖、亞里士多德、蘇格拉底等，難道他們所做的一切錯了嗎？或許你對宗教領袖不感興趣，現在，我就以幾位無神論者為例證。首先是康橋大學的郝斯曼教授，他是一位著名學者。1936 年他在康橋大學發表《詩的表像與實質》(*The Name and Nature of Poetry*) 演説：

「耶穌曾經説：『為我的事業付出犧牲的人們，將獲得永生。』這是真理，也是最高貴的品質。」

以前我們是從牧師那裏聽到這句話，但郝斯曼教授卻是一位無神論者，同時他還是一位悲觀主義者，他依然告訴我們：「一個自私自利的人，不可能走向圓滿的人生。」事實上，人生只有在忘我地為他人服務中，才能更充分地享受生活的樂趣。

假如這些仍不能改變你的想法，20 世紀美國最有影響力的無神論者西奧多・德萊塞的故事，對我們來説有參考意義。德萊塞把所有的宗教都當成故事來閱讀，而生活只是「愚人講故事，毫無意義」。他一直遵循耶穌的教導，為他人服務。德萊塞説：「假如我們想從生活中得到哪怕一點點樂趣，就不能以自我為中心，而應該多為他人想想，因為，快樂只能來自於你對他人的關懷與他人對你的關懷。」

德萊塞還説：「去幫助別人能夠使你過得更好，現在就立即行動吧，不要再浪費時間。人生只有一次，假如我能夠有機會去做好事，讓我現在就做吧，以免拖延、淡忘。因為人生的路，

我們只能走一次。」如果我們能夠像德萊塞所說的那樣去做的話，我們就找到了快樂的源泉。

消除憂慮、獲得安寧與快樂人生的第七大原則：

忘掉自己。多關心他人，多對他人感興趣。

卡耐基心得 Dale Carnegie's Tip

忘掉自己。多關心他人，多對他人感興趣。

5

祈禱

尋找快樂的宗教

想擺脫煩惱和憂愁，
就需要有虔誠的信仰。
宗教在意志、精神、希望和勇氣上能給予我們很大的幫助，
給我們的生活帶來很多的啟示，
讓我們有了方向感。

　　我是在密蘇里州的一家農場出生的，那個時代的農民都很窮苦，我家也是一樣，近乎一文不名。我母親在一所小學教書，回家還要負擔繁重的家務，我父親在農莊工作，每月的收入不超過 12 美元。最讓我們感到愉快的時光，莫過於一年一度把豬賣掉，換來全家所需的麵粉、白糖及咖啡飲料。我還記得 12 歲那年，一年下來我自己能夠支配的零用錢只有 50 分錢。還有一回去看國慶慶典時，父親給了我 10 分錢，我興奮得不得了，感覺自己就是世上最有錢的富翁了。為了到一所鄉辦學校去上學，每天我要走 2 英里路。不管天氣多麼壞，我都堅持去學校。14 歲之前，套鞋穿在腳上是甚麼滋味我完全不知道。在這麼多年的生活中，我忍受着嚴寒，伴隨着多年來的悲慘命運一步步走過來，能有一雙漂亮的套鞋，是我想都不敢想的事。

父母每天都要進行 16 個小時的繁重體力勞動，可生活卻不能和他們的付出成正比，我們常常欠債，命運之神殘忍得好像跟我們過不去一樣。而給我留下最深印象的是，有一次整個農莊都被洪水吞沒了，顆粒無收。在 7 年中總有 6 個這樣的年頭，疾病年復一年地威脅着當地人的生活。因為霍亂，豬也都死了，大家不得不將牠們全部火葬，要知道，那是我們賴以生存的財產。許多年過去了，這些可怕的景象還歷歷在目，大家一想起豬被大火燒焦的味道，就忍不住要作嘔。

有一年，承蒙上帝恩賜，玉米獲得了前所未有的豐收，我們終於有飼料養牛了。但即使如此，也比以前發生洪災時強不到哪裏去，因為大豐收以後供大於求，牛的價格直線下降，當初我們對牛的期望很高，結果事與願違，每頭牛至多只賣 30 美元，這與我們的付出完全不成正比！

無論我們做甚麼都在虧本，有一次我父親養了幾頭小騾子，養了差不多 3、4 年，最後請人幫我們運到了田納西州的一個小鎮上去賣。結果，這幾頭騾子賣出去的價錢比我父親當年買牠們的價錢還要低。

經過了長達 10 年的艱苦耕耘，我們仍然債台高築、一貧如洗，艱難地生活着。我們的土地也全部抵押了出去，彷彿我們所有的奮鬥都只是為了償還債務似的。父親此時已步入老年，他苦心經營了 30 餘年，得到的卻是一身債務和疾病。為此父親十分憂慮，茶飯不思，他的身體也不像以前那麼硬朗了。由於疾病，他已不再適合在田裏幹活，還要借助藥物才能勉強

吃飯。之後，醫生對我母親說，照這樣下去是不行的，會導致他對生活產生厭倦。因為父親的原因，母親也不能安心做事，她很擔心父親在她不在身邊時會幹出甚麼傻事來，要是看不見父親，她就會圍着房子和倉庫轉圈。此外，抵押土地的銀行也在威逼着我們家。有一天父親從銀行回家，路過一座橋樑時，想到目前的困境以及銀行的無情，差點立刻跳下河去，可是他又想起一家人都需要他，最終還是沒有做出這種傻事。

後來，父親跟我談起了這件事情，他說他之所以沒有投河自盡，是因為母親自始至終以剛毅的信念支持着他。母親信奉天主教，對未來滿懷希望，她相信「心誠則靈」這一道理。事實表明，她的想法是對的，一切都會好起來的。母親的精神終於感染了父親，他心中的陰影漸漸散去，變得開朗起來。在這之後，父親又平靜安詳地度過了 42 年幸福的生活，直到 89 歲時才離世。

母親對生活始終都很樂觀，在艱難的歲月裏，她將所有的煩惱都向天主傾訴，每晚睡前都會朗誦一段經文，其中有最能打動人心的話：「在主的聖殿裏，有很多房屋，並已經為你們安排好了，這是你們到達的地方。」在貧窮的密蘇里農場的家裏，我們祈禱着，請求神靈的庇護。

哈佛大學的詹姆斯博士說過一句名言：「想擺脫煩惱和憂愁，就需要有虔誠的信仰。」雖然我沒有在哈佛念過大學，但我在母親的生活中已經明白了這個道理。不論世界上有甚麼災難，也無法摧毀她那顆堅強的心，我經常聽到她唱：

安詳啊安詳，陽光般的安詳，

讓上帝賜予我們安詳。

在一望無垠的大海中，讓愛自由飄遊，

讓我們的心靈沐浴在神的愛中。

母親想讓我獻身天主的傳教事業，我也曾有過這樣的打算。但我在大學學過生物學、哲學之後，感到科學要比宗教更有說服力。我對以前的事情逐漸產生了懷疑，從而在十字路口徘徊。「我是相信宗教，還是相信科學？」在經歷了一段痛苦的思想鬥爭後，我最終還是選擇了科學，離開了宗教，放棄了多年來的禱告習慣。我再也不相信世界上有甚麼神的存在，並深信人類總有一天也會像恐龍一樣走向毀滅。在科學的推理中，太陽會漸漸變冷，如果太陽的溫度降低 10%，地球上的一切生命都要消亡了。我用科學的見解去分析，認為地球以外的太空還存在其他生命，正是因為天體的和諧運行才出現黑夜白天和四季，這一切都不是天主造出來的，而是由自然規律形成的。

實際上，沒有人能夠清楚地解釋生命和宇宙之間的奧秘。在我們的生活中，能夠弄清楚的事情實在太少了，我們對自己身體的奧秘不是知之甚少嗎？你家的電燈為甚麼會發光？牆腳為甚麼會長出奇花異草？通用公司天才式的人物查爾斯・凱特林曾在一年中資助他人 3 萬美元，去研究樹葉為甚麼是綠色的。他認為，如果能夠了解樹葉是如何利用水分、二氧化碳與陽光進行光合作用而變成糖分的話，人類的文明進程將踏上一個新台階。

　　不錯，我們雖然不能完全理解人體、電力與發電機的原理，但這並不阻礙我們去利用它。退一步說，我們無法理解祈禱與宗教的解釋，但這些不應該成為阻止我們分享宗教所給予我們的巨大精神愉悅的藉口。美學家桑塔耶那的觀點讓我深表認同，他說：「我們對人生的理解並不是最重要的，重要的是怎樣去體驗人生。」

　　應該說，我又重新皈依宗教了，如何去理解宗教，我現在已沒有太大的興趣了，我特別感興趣的是：宗教可以給我帶來甚麼樣的樂趣？就像電力和美味佳餚所帶來的好處一樣。固然，食物和生活中的其他物質享受很重要，但宗教在精神上會給我們帶來更大的幫助，正像詹姆斯博士所說的那樣：「在最大的限度內獲得人生的滿足。」宗教在意志、精神、希望和勇氣上給予我很大的幫助，並讓我內心的煩惱、恐懼和憂慮完全消失。宗教也給我的生活帶來很大的啟示，讓我有了方向感。正因為有了宗教，我才在荒漠中找到一塊「綠洲」，並有了無限的力量。

　　英國現代哲學開創者培根在 300 年前說過：「淺薄的哲學會將人們引向無神論的道路上，深邃的哲學會將人們指引到宗教。」

　　人們認為宗教與科學是水火不相容的，可是現在最新興的學科心理學，卻借用了耶穌最初用過的古老方法。正是因為祈禱和熱情的信仰對人類的煩惱與憂慮的治療十分有效，所以宗教才受到了歡迎。心理學之父布里爾說過：「對宗教與信仰認同

的人，精神上基本不會出現大毛病。」

如果徹底否定了宗教，人們就會失去精神上的寄託，當然，這是不會發生的。

亨利·福特去世前幾年，我曾拜訪過他。在我的猜想中，這位大富翁肯定是一位飽經滄桑的老人，歲月已無情地毀壞了他的軀體。然而當我見到他時，才發現我的想法是十分可笑的，78 歲的他性格沉着，信念剛毅，身體非常健康，給我留下了深刻的印象。我問他難道沒有經歷過一點憂傷，他說：「是的，因為我把這些都交給了主，一切需聽從主的引導和安排。我不需要提出建議，上帝的存在讓一切井然有序，只需虔誠地供敬主，你將能沿着美好的方向發展，那麼我就不會亂想了。」

如今的心理學家，也可以説是一種新宗教的傳教士。他們不斷規勸人們去信仰宗教，**不是為了來世，而是為了享受美好的當下生活**，以此來使胃病、心胸狹隘、失眠症、歇斯底里等疾病得到完全根治，並成為一名真正具有信仰的人。

基督教的確能對人們的健康和精神狀況起到積極的作用，耶穌説：「我來是為了讓你們學會美好而快樂地生活。」當時的基督教受到打擊，是因為其中有些教條不能夠長久存在。當耶穌在傳播其新教義並試圖推翻舊的宗教時，被世人殘酷地釘死在十字架上。他解釋説，宗教是為全人類的利益而誕生的，並不是為了哪一個人。基督認為，無端的恐懼實際上是一種罪過，是摧毀人類健康的一項罪惡。愛默生曾自稱是「快樂學」博士，可耶穌卻認為自己是「快樂學」教師，他對眾門徒説：「為了生

命的歡樂，你們盡情地載歌載舞吧。」

耶穌公佈了兩大教條：虔誠地擁戴上帝；像愛自己一樣愛你身邊的朋友。假如按上面的教條去做了，你就會成為一位具有信仰的人。我的岳父普萊斯就做到了上述兩點。雖然他從不去教堂，並且稱自己從不信教，但他信仰的卻是對精神和生命帶來益處的基督教信條，因為他從不做損人利己的事情。如何才能成為一個真正的基督徒呢？讓我們來聽聽權威人士的解釋吧。著名神學教授貝爾説：「對一個真正的基督徒來説，並不是簡單地按照基督教義上的儀式規則那樣去做，而是要擁有一種意志品質和對人生的熱情。」

如果以此作為標準，那麼我的岳父算是一個準基督徒。

卡耐基心得 Dale Carnegie's Tip

宗教能對人們的健康和精神狀況起到非常積極的作用。對宗教與信仰認同的人，精神上基本不會出現大毛病。

聖歌

只要虔誠地禱告，

神肯定會聆聽得到。

黑暗過後會是光明，

即使現在有這樣或那樣的困難，

但一定要深信光明的前途很快就會到來。

　　現代心理學開創者詹姆斯在給朋友的一封信上說：「如果神突然消失了，那麼人們該如何度過那漫長的日子？」

　　上文中（編按：即〈忘卻自己，關注他人〉一文），我說起過有兩篇不分高下的作品，後來把獎金一分為二發給他們了。在這篇令人難忘的作品中，那位女士寫了她的親身經歷：經過慘淡的生活，如果沒有主的支撐，她說不定難以活到今天。公佈這篇作品時，為了不影響她的家人，我們就稱她為瑪麗吧。兩個星期前，她向我講述了一段難忘的人生經歷：

　　發生經濟危機時，我丈夫每月只有 18 美元左右的收入，由於身體不好常常請假，他有時一個月連那 18 美元都拿不回來。為了治丈夫的病，我把房子抵債了。為了讓 5 個孩子健康

成長，我又去找了一份洗衣的工作，孩子穿的是在某海軍救濟所買到的廉價衣服，我修改後給他們穿。這樣貧窮的日子，讓我的健康被煩惱和憂愁壓垮了。

有一天，我11歲的孩子被對面小商店的老闆誣告，說他偷了兩支鉛筆，他非常傷心地哭了。他是位誠實而聰明的孩子，在大家面前受辱當然傷心至極，他感到自尊心受到很大的打擊。對於父母來說，我們也十分痛心。

種種不幸讓我對生活失去了信心，我也因為憂慮而得了一種階段性的精神錯亂症。我關掉了洗衣機，把5歲的女兒帶進房裏，把所有的窗戶關嚴，有縫隙的地方也用紙封上。女兒迷惑地問我：「媽媽你幹甚麼呀？」我說：「縫隙會讓風吹進來，所以將它封好。」隨後我將煤氣打開，將女兒抱到床上。女兒說：「媽媽，你今天有些古怪呀，我們不是剛剛起床的嗎？」我緊閉着雙眼說：「孩子，我們再睡一會兒吧。」此時，哧哧的瓦斯聲音已在我耳邊響起。

我一輩子都無法忘記那瓦斯的氣味。那時，我感到很奇怪，耳邊有美妙的音樂傳來。我聆聽着音樂，原來廚房的收音機忘記關了。此時，一切已顯得不重要了，可音樂卻在我耳邊響起，那是一首很古老的讚美詩：

　　耶穌是我們的知己，
　　他寬容了我們全部的罪惡與憂慮，
　　分擔了我們肩上的重負。
　　啊，我們無比崇敬的上帝！

對於我們的困難，你伸出援助之手，

在我遇到煩惱和意志低沉的時候，

令我們的精神煥然一新。

這段像仙樂般的聖歌，讓我發現自己身上存在的毛病。因此，我關掉了瓦斯，精神亢奮地將所有窗戶打開，讓新鮮空氣流進來。

從此以後，我不斷地唱這段聖歌，並非有求於它，而是感謝它賜予我們全家的幸福與健康。我下定決心將以前的憂慮徹底忘掉，有過這次經歷之後，我確實做到了這一點。把房子抵押出去後，我需要花上 5 美元去付房租，好在我並沒有露宿街頭。只要我虔誠地禱告，神肯定會聆聽得到。黑暗過後會是光明，即使現在我們有這樣或那樣的困難，但我深深相信，光明的前途很快就會到來，事實也證明這一點。

現在，我已經有了一些存款，孩子們已經有了自己的事業並已成家，我還有活潑可愛的孫子。目前，我就職於一家俱樂部。如果沒有那次瓦斯事件，上帝也不會光顧於我，我也不可能有今天，我不由自主地感謝上帝讓我及時醒悟。說句難聽的話，假如當初我死了，就不可能有今天的快樂。

如今，我要規勸那些要尋短見的朋友：「萬萬不能有這種想法！」即使遇到再大的困難，那也只是人生中的一段歲月，是整個人生中很小的一部分，而絕大部分的人生時光是無比愉快和美麗的。

卡耐基心得 Dale Carnegie's Tip

即使遇到再大的困難，那也只是人生中
的一段歲月，是整個人生中很小的一部
分，而絕大部分的人生時光是無比愉快
和美麗的。

宗教的力量

人不能被自己囚禁，

應該將眼光放得更加開闊一點，

不要封閉自己。

只要我們信仰上帝，

就會使自己變得愈來愈好。

你知道一天會有多少人自殺嗎？據最新數據顯示，在美國，平均每 35 分鐘就有一人死於自殺，這是多麼驚人的數字！而且每 2 分鐘就有人患上妄想症。假如這些人能得到宗教禱告的撫慰的話，也許不會有這麼多的悲劇發生。

成績最為卓著的精神病專家榮格博士在其專著《對現代人的靈魂探索》(*Modern Man in Search of a Soul*) 一文中這樣寫道：「在過去的 30 年裏，我診斷了來自許多國家的精神病患者，他們的年齡大都超過 35 歲。這個層次應該是人生中的第二階段了，憑我長期積累的經驗來看，他們絕大多數都處於一種浮躁的心理狀態。從另一個角度來看，他們對宗教都缺乏最起碼的追求，心靈中完全是一片空白。這種症狀太難以醫治了。」

這真是畫龍點睛的一句話，我要將它重複幾遍。

佛教公認的創始人釋迦牟尼死去幾千年後，在印度又出現了一位聖雄甘地，他也是靠着精神上的寄託來鼓勵自己的。他說：「假如我不是在宗教方面尋到一種神奇的力量，我也很可能患上發狂症。」

許許多多的人都印證了這個不可辯駁的事實，就像我在前面所說過的一樣，我的父親也是因為受到了我母親的神奇感染，從而獲得了繼續生存下去的勇氣，並奇跡般活到 89 歲。假使精神病院的患者將他們的靈魂和痛苦早一點交給上帝，也就不會有今天那麼悲慘的處境。

在硝煙彌漫的戰場上，為甚麼有那麼多人相信神靈？那些被痛苦消耗得筋疲力盡的人們，都學會了借助神的力量使自己得到安定。但為甚麼要到最後關頭才去抱佛腳呢？為甚麼要等到週末才去相信神呢？許多年來，我每星期日風雨無阻地來到教堂，對自己的言行進行懺悔，每當精神面臨崩潰，我就會對自己說：「你為甚麼要將這些痛苦留給自己呢？」

這種時候，我就會立即奔向教堂去懺悔。也許我們活不過幾十年，可信仰將與日月共存。**當你閉眼懺悔時，你的思路將更加明晰**，對事物的判斷也更加清醒，並對人生有了明確的認識。

在寫作這本書的 6 年時光裏，我一直在收集資料，走遍大半個美國，並對成百上千個解除煩惱和痛苦的例子進行過核實。下面是一位律師的親身經歷，他住在德克薩斯州，名叫安

東尼。他說：

20 年前，我在全美法律書籍公司任銷售員，我關閉了自己所開的律師事務所，開始向客戶推銷一些法律方面的書籍。

在此之前，我曾參加過推銷技巧和專業業務方面的培訓，在推銷過程中，我也能說會道。可是，不知道是甚麼原因，我的業務卻一片空白。

我付出了很多心血，幾個星期以後，情況仍不見好轉。於是，我產生了煩躁和憂慮的情緒，覺得自己不敢再涉足推銷行業了。對於任何一家律師事務所，我都望而卻步。我毫無勇氣，即使走進去了，也是渾身緊張得發抖，語無倫次，並產生了一種怪念頭：希望律師不在他們的辦公室。

就在這時，我的頂頭上司也準備讓我辭職了，如果再沒有業績，那我只好自動離開。我的妻子也在催討生活費，雙重壓力使我的身體明顯垮了下去，我們連房租也付不起。就在我焦頭爛額、身上只剩下買一杯牛奶的錢時，這時我才真正明白，那些走投無路的人為甚麼會跳樓自殺。如果我有那麼大的勇氣去做的話，我也可能成為他們當中的一員。

人活着到底是為了甚麼？進一步說，我們來到這個世界上的目的是甚麼？

在我萬分無助的時候，我只好求助於神靈，並做虔誠的祈禱，希望他給予我希望，並讓我的事業有所起色，使我的家庭幸福美滿。祈禱完畢，我在抽屜裏找到了一本《聖經》，我在裏面讀到這樣一段話，那是耶穌告誡門徒不要煩惱不要憂愁

的箴言：「不要為了生活而誇大衣、食、住、行的事。生命的存在不是比吃得好更好嗎？身體的健康不是比穿得好更重要嗎？你應當明白，天上飛行的鳥既不種田也不收割，更不在倉庫裏囤積食物，上帝尚且撫育着牠們，難道你們不比鳥兒還高貴嗎？」

就在我默默祈禱的同時，突然間有了甚麼改變，我的精神和情緒開始鬆弛，全身有一股暖流在奔湧，自信的感覺開始回到了我的身體裏。

這時我還是一無所有，我的房租仍然沒有着落，可心中竟然覺得非常幸福，因為此時我沒有任何負擔，倒頭便睡，煩惱和不快已經從我的身體中消失得無影無蹤。

第二天早晨，我帶着充沛的熱情來到律師事務所，並開始新的工作。我的眼神裏充滿激情，邁着穩健的腳步，勇敢地打開門，微笑着面對表情嚴肅的律師說：「朋友，早上好！我是美國法律書籍公司的圖書業務員約翰·安東尼，請多包涵。」

律師也微笑着說：「呵呵！你好，你好！」並起身和我握手，「很高興認識您，請坐！」

從此以後，我與以前的自己判若兩人，業績開始飛速提升。回想那天晚上，我覺得自己像個得勝還朝的將軍一樣，人生突然急轉，喜事連連。

這可以說是我的重生，就在那天晚上，我對人生的價值觀發生突變，拼搏給我帶來了榮譽。第二天到來的時候，環境並沒有發生甚麼巨大變化，所不同的僅是我自身的改變。在上帝的引領下，我開始明白，人不能被自己囚禁，應該將眼光放得

更加開闊一點，不要封閉自己。只要我們信仰上帝，就會使自己變得愈來愈好。

卡耐基心得 Dale Carnegie's Tip

也許我們活不過幾十年，
可信仰將與日月共存。

祈禱

祈禱能滿足普通人 3 個最為一般的欲望：
禱告可以把我們心底的苦悶傾吐出來；
禱告可以替我們卸下包袱；
禱告能使消極的因素轉化為積極的因素。

耶穌說：「如果你在禱告，上帝就會對你承諾；如果你一直祈求，上帝仍然會給予你；你敲門，上帝就會毫不猶豫地將門打開。」

在我們州上有位叫彼德夫人的少婦在悲劇即將降臨的時候，就立即祈禱：「上帝啊！讓我聽從你的指引吧！」

就是這麼神奇：她馬上恢復了平靜。她在信中這樣寫道：

在電話響第 14 次的時候，我鼓足勇氣拿起了聽筒，我想一定是醫院打來的電話，大概是孩子的情況不妙，因為此前，醫生對我說過要做最壞的打算。如果孩子發生感染，可能就只能聽天由命了。電話果真是醫院打來的，要我們立即去醫院。

我們心情慌亂地在急診室大廳等待，看着許多夫婦抱着

他們已經康復的孩子從我們面前經過，我心中十分難過，命運為甚麼對我們如此殘酷？我們的孩子不知能否康復？沒過多久，主治醫生將我們叫到他的私人辦公室，無奈地說：「你們孩子的生還機率只有 25%。我們盡了全力，我勸你們另請高明。」

在回家的途中，我丈夫激動地流着淚大聲說道：「我一定要將他救活，我們不會放棄的。」我以前從沒有見過男人落淚，這可不是一個好兆頭。我們坐下來，想出了一個辦法，決定借助神的力量來讓我們擺脫困境。於是，我們去了教堂，我淚流滿面地跪在那裏，虔誠地對着天主祈禱：「主啊，一切聽從你的指引。」那天晚上，我們睡得很平靜。幾天後的一個下午，我們驚喜地接到了那位主治醫生打來的電話，他對我說：「你們的孩子度過了危險期，正朝着令人欣慰的方向發展，情況很好。」這時，我不由得衷心感謝上帝，是他使我們的孩子獲得了新生。

從前，人們總認為宗教是兒童和婦女的專用品，男人總以為依靠自己的能力就能夠與自然搏擊。如果你知道世界上很多著名的人物也是宗教信仰者，你一定會覺得很驚奇。傑克・戴普西就是這樣的信仰者，他曾經對我說：「無論是吃飯、睡覺或者比賽的前夕，我都要祈求我主賜福，只有這樣，我才會產生無窮無盡的力量，樹立起與對手搏鬥的決心。」

康尼・麥克曾對我說，宗教已經滲入他的骨髓，如果哪天不祈求上帝，他就好像若有所失，一整天都心緒茫然。另一位

名人艾迪・雷肯貝克堅信，他是在主的拯救下才獲得了第二次生命，祈禱是他每天的必修課。

美國國務卿愛德華・史塔提曾對我說：「每天晚上，我都會祈求上帝指引我正確的道路和賜予我智慧。」

摩根財團的創始人佩波德・摩根每個週末的下午，都會到教堂進行祈禱。

艾森豪威爾將軍在第二次世界大戰中，身邊總是帶着一本《聖經》，他從不忘記對主的禱告。

麥克・克拉將軍也對我說：「在硝煙彌漫的戰場上，我每天必讀《聖經》，且定時對主祈禱。」

納爾遜、華盛頓、李將軍、傑斐遜這些赫赫有名的人物，都莫不如此。

許多人都已經體會到心理學大師詹姆斯博士所揭示的真理：「人和上帝是親密的，如果能做到這一點，並將自己徹底託付給祂，那你必將是一個幸福快樂的人。」

愈來愈多的人都意識到禱告的力量了。美國教會在最近幾年人數激增，一下子擴充到了七八千萬，這在歷史上的任何時期都是絕無僅有的。就連一些頗有成就的科學家也加入了宗教的行列，成就非凡的諾貝爾生物獎得主、著名法國生理學家卡列爾就深有感觸地說：「禱告是人類有史以來所產生的最強的精神能量，它甚至可以同地心吸力相媲美。作為一名醫生，對病人晚期病症，我們無能為力，但有許多病人卻因祈禱而轉危為

安。禱告就像天空的太陽散發的光芒。由於宗教的廣泛傳播，大自然充滿了活力，人們的精力得到無限的發展延伸。在禱告的時候，世界的能量與我們的能量相結合，形成無窮的精神能量。禱告將這強大的能量轉換到我們的身上，這樣，人類欠缺的東西得以彌補。於是，我們看到了一個好的開端。」

著名將軍拜德對上帝的力量深有體會，祈禱讓他在最困難的時刻挺了過來。他在自己所著的《孤寂》（Alone）中描述道：

1934 年，我被派往南極。我在冰天雪地中被圍困了 5 個多月。當時，我大約是南緯 78 度以南唯一的生物，每日暴風雪不止，冰雹在我的小屋上空咆哮。更可怕的是，南極溫度一下降到零下 82 度，我的住處完全變成了一座冰庫。一氧化碳充斥在我的小屋裏，我像中了毒一般。我該怎樣應付這一切呢？救護隊還在百里之遙，要等到他們還得幾個月的時間。於是，我決定親自動手改裝現有的設備。由於技術原因，我仍無法解決一氧化碳的問題，好幾次都因此暈倒在地，渾身沒有力氣。第二天早上，我甚至擔心自己將葬身於白雪皚皚的冰雪世界裏。

他在甚麼神奇力量的指引下使自己獲救了呢？那天，在他瀕臨絕望的時刻，他拿起日記本寫下自己對人生的感悟，他這樣寫道：「人活在世上，其實並不孤獨……」他抬頭仰望天上的星星，它們按照規律沿着自己的軌道轉動，明亮閃爍；太陽的光線最終會普照南極的每一個角落。他在日記的末尾寫道：「我

活得真的很充實！」

拜德將軍因此活了下來。這個故事告訴我們，該如何擺脫困境而再生：「如今，仍然只有少數人身上有極為有限的能量，而許許多多人所積累的能量，可以讓他們受用一生，它是永不枯竭的。」拜德認為，這種偉大的能量來自於祈禱。

聞名遐邇的保險經紀人阿諾德曾經在偶然中領悟到這個真理，他在談到戰勝煩惱的體會時說：

10 年前，我陷於絕望。我把大門鎖上，發瘋似地開着車奔到河邊，當時的我毫無生存信念，整個人就像一具殭屍。我下屬的百貨公司就要倒閉了，妻子行將臨產。由於入不敷出，我連醫院的藥費也拿不出來。我所有值錢的東西全部用於抵押了，我走投無路，絕望至極。

車開出去幾里之後，我忍不住像個孩子似地放聲痛哭。哭過之後，我開始冷靜地思考，我的處境究竟到了何種程度？還有惡化的可能嗎？我是否真的到了走投無路的地步？

想完了這一切，我決心將我的一切都託付給上帝，聽從上帝的指引，並開始祈禱，就這樣，奇跡出現了：自從皈依上帝後，我的情緒變得非常平和安詳，30 多分鐘後，我回到自己的家中安然入睡，感覺很輕鬆。

第二天清晨，當我睜開雙眼時，自信重新回到我的心裏。我感到神清氣爽，因為我意識到我已經將自己的一生交付給了上帝。我滿懷信心地來到一家大企業，應聘電氣業務員的崗位，我成功了！到這家大公司解體時，我又進入了保險行業，

在幾年內東山再起，清償了所有債務，並將家裏的房屋重新裝修。我的 3 個孩子都很健康，我還用部分存款買了一輛新車。

回想這段往事，我得感謝那場災難，是它指引我接近上帝，由此使我擁有非常美滿的家庭生活，還讓我在精神上不斷得到充實和提高。

宗教為甚麼比萬能藥還靈，能夠使人擁有平和安詳的心態，並成功完成自己的事業呢？宗教為何使人變得堅強不屈呢？心理學家詹姆斯說：「**即使海上波濤洶湧，可海底仍舊一片寧靜。**你要站在世界的最高處眺望人生，你會發現即使是世界末日，也沒有甚麼可怕的。即使有多大的困難，你都會處之泰然。」

一旦我們產生了恐懼的想法，那就去求助上帝的力量吧！正如偉大的哲學家康德所說：「親近上帝，因為我們需要這種信念。」

即使你不是一名教徒，祈禱也會給你帶來意想不到的驚喜。不管你信不信以上的說法，祈禱能滿足普通人 3 個最為一般的慾望：

1、禱告可以把我們心底的苦悶傾吐出來。就像前面說過的：如果一個問題過於複雜，即使是祈禱大師，也必須將困境清晰地一句一句地說出來。即使是主宰萬物的上帝，也要依次解決問題，不得不將你的問題先弄清楚。

2、禱告可以替我們卸下包袱。作為一個人，不可能承受過重的壓力，可有的時候難以向別人說出來，只有向主祈禱。只有將內心的煩惱訴說出來，才可以減輕自身的壓力。於是，

他們向上帝傾訴，因為上帝是世間最可信賴的朋友，是最仁慈的安慰者。

3、禱告能使消極的因素轉化成積極的因素，可以説它是成功的開始。世界著名的科學家卡爾就説過：「禱告是世間最強大的工具。」既然是最強大的工具，我們為何不去利用它呢？

為甚麼不馬上試一試呢？將手中的書放下，走進臥室，跪在床上，將雙手合十並清除心裏的雜念吧！如果你曾經背叛了上帝，請你立即重新投入上帝的懷抱，讓我們一起朗誦 700 年前聖方濟的那段經文：

主啊，請你將我帶入安詳的樂園，讓我把心中的恨轉為愛，將我的悲憤轉為寬容，將我的遲疑變為自信，將我的失望轉為希望，將黑暗變為光明，將悲觀轉為樂觀。讓我去愛戴朋友，就像朋友愛戴我一樣；讓我去關愛朋友，就如同朋友關愛我一樣。

只有在施捨中，我們才會獲惠；只有在寬容的前提下，我們才會得到他人的理解；也只有在高貴的行為裏，我們的生命才有活力。

卡耐基心得 Dale Carnegie's Tip

親近上帝，因為我們需要這種信念。

如何面對批評帶來的煩惱

批評他人是一種自我滿足

你要是被人踢了，

或是被人惡意批評，

請記住，他們之所以這樣做，

是因為這樣能使他們有一種自以為很重要的感覺，

這也通常意味着你是值得別人注意的。

1929 年，美國發生了一件震動全國教育界的大事，各地的學者都趕到芝加哥去看熱鬧。幾年前，有個名叫羅勃・郝金斯的年輕人半工半讀地從耶魯大學畢業，他曾做過作家、伐木工人、家庭教師和賣成衣的售貨員。現在，僅僅過了 8 年，他就被任命為美國第四所著名大學──芝加哥大學的校長。他有多大呢？30 歲！真令人難以置信。老一輩的教育人士都大搖其頭，批評像山崩石落一樣，一齊打在這位「神童」的頭上，說這說那的都有，說他太年輕了、經驗不夠，說他的教育觀念很不成熟，甚至各大報紙也都參與了攻擊。

在羅勃・郝金斯就任的那一天，有人對他的父親說：「今天早上，我看見報上的社論攻擊你的兒子，真把我嚇壞了。」

「不錯，」郝金斯的父親回答說：「但請記住，從來沒有人

會踢一隻死了的狗。」

不錯，這隻狗愈重要，踢牠的人就愈能夠感到滿足。後來成為英王愛德華八世的溫莎王子（即溫莎公爵），他的屁股也被人狠狠地踢過。當溫莎王子時，他在帝文夏的達特莫斯學院讀書。有一天，一位海軍軍官發現他在哭，就問他有甚麼事情。他剛開始不肯說，最後終於說了真話——他被軍校的學生踢了。指揮官把所有的學生召集起來，向他們解釋王子並沒有告狀，可是，他想知道這些人為甚麼要這樣虐待溫莎王子。

支吾半天之後，這些學生終於承認說，他們希望等自己將來成了皇家海軍的指揮官或艦長的時候，能夠告訴大家他們曾經踢過國王的屁股。

所以，你要是被別人踢了，或者是被別人惡意批評，請記住，他們之所以做這種事情，是因為這能使那些人有一種自以為很重要的感覺。這通常也就意味着你已經有所成就，而且值得別人注意。很多人在罵那些教育程度比他們高，或者在各方面比他們成功得多的人的時候，都會有一種滿足感。比方說，我寫這一章的時候，接到一個女人的來信，她在信中痛罵創建救世軍的威廉·布慈將軍。因我曾經在廣播節目裏讚揚布慈將軍，所以這個女人寫信給我，說布慈將軍侵吞了她募來救濟窮人的 800 萬美元捐款。這種指責當然非常荒謬，可這個女人並不是想找到事情的真相，只是想打倒一個比她偉大的人，從而獲得自己的滿足感。我把她那封無聊的信丟進了廢紙簍，我看不出布慈將軍是這樣的人，可是卻對她非常了解。多年前，叔

本華曾說過：「**庸俗的人在偉人的錯誤和愚行中得到最大的快感。**」

大概很少有人認為耶魯大學的校長是一個庸俗的人，可是，擔任過耶魯大學校長的摩太‧道特，卻顯然能夠責罵一個競選上總統的人。「我們會看見我們的妻子和女兒成為合法賣淫的犧牲者，我們會大受羞辱，我們的自尊和德行都會消失殆盡，以致人神共憤。」

這幾句話聽起來像是在罵希特勒，其實是在罵托馬斯‧傑斐遜。哪一個托馬斯‧傑斐遜呢？想必不是那位不朽的托馬斯‧傑斐遜吧？那個寫《獨立宣言》的、民主政體的代表人物？沒錯，罵的正是這個人。

一份報紙的漫畫畫着他站在斷頭台上，那把大刀正準備把他的頭砍下來；在他騎馬從街上走過的時候，一大群人圍着他又喊又罵。他是誰呢？他就是美國國父——喬治‧華盛頓。

可這些都是很久以前的事了，也許從那時開始，人性已經有所改進。讓我們拿 1909 年 4 月 6 日乘雪橇到達北極、從而震驚全球的著名探險家佩瑞海軍上將為例。幾百年來，無數勇敢的人為了達到這個目標而挨餓受凍，甚至喪生。佩瑞也幾乎因為飢寒交迫而死去，他的 8 個腳趾頭因凍僵受傷而不得不割除，他在路上所碰到的各種災難，使他擔心自己會發瘋。而那些華盛頓的上級海軍官員，卻因為佩瑞受到如此的歡迎和重視而嫉妒不已。於是，他們誣告他假借科學探險的名義斂財，然後「無所事事地在北極享受追捧」。而且，他們可能還真相信這

句話，因為人們不會不相信他們想相信的事情。他們想羞辱和阻撓佩瑞的決心強烈到最後必須由麥金萊總統直接下令，才使佩瑞能在北極繼續他的研究工作。

如果佩瑞當時坐在華盛頓的海軍總部辦公室裏的話，他會不會遭到別人的批評？不會的，那樣他就不能引起別人的嫉妒了。

格蘭特將軍碰到的事情比佩瑞上將的更糟。在 1862 年，格蘭特將軍贏得了北軍第一次決定性的勝利，成為全國性的偶像，甚至在遙遠的歐洲也引起了相當大的反應。從緬因州直到密西西比河岸，處處都敲鐘點火以示慶祝。但是，在取得這次偉大勝利的 6 個星期之後，他卻遭到了逮捕，兵權也被削奪了，這使他因羞辱而失望地哭泣不止。

為甚麼格蘭特將軍會在勝利的巔峰時被捕呢？絕大部分原因是他引起了那些傲慢的上級對他的嫉妒。

當我們為荒唐無理的言辭和非難而憂慮時，千萬要掌握的第一原則是：

刻薄的斥責往往從另一方面表明人們對你的重視。

卡耐基心得 Dale Carnegie's Tip

刻薄的斥責往往從另一方面表明人們對你的重視。

不讓批評之箭射中你

雖然你不能阻止別人對你做任何不公正的批評，

卻可以做一件更重要的事：

你可以決定是否要讓自己受到那些不公正批評的干擾。

有一次，我去訪問史密德里·伯特勒少將，就是綽號叫做「老錐子眼」、「老地獄惡魔」的伯特勒將軍。還記得他嗎？他是所有統帥過美國海軍陸戰隊的人裏最有趣、最會擺派頭的將軍。

伯特勒告訴我，他年輕的時候拼命想成為最受歡迎的人物，想使每一個人都對他有好印象。在那段日子裏，一點點的小批評都會讓他覺得非常難過。可是他承認，在海軍陸戰隊裏的 30 年使他變得堅強了很多。「我被人家責罵和羞辱過，」他說：「罵我是黃狗，是毒蛇，是臭鼬。我被那些罵人專家罵過，英文裏所有能夠想得出來而印不出來的髒字眼，都曾經被用來罵我。這會不會讓我覺得難過呢？哈！我現在要是聽到有人在我後面講甚麼壞話，甚至不會轉頭去看是甚麼人在說這些話。」

也許是「老錐子眼」伯特勒對羞辱太不在乎，可有一件事情是肯定的：我們大多數人對這種不值一提的小事情都看得太過認真。我還記得在很多年前，有一個從紐約《太陽報》來的記

者，參加了我辦的成人教育班的示範教學會，他在會上攻擊我和我的工作。

我當時真是氣壞了，認為這是對我個人的一種侮辱。我打電話給《太陽報》執行委員會的主席季爾·何吉斯，特別要求他刊登一篇文章說明事實的真相，而不能讓那個記者這樣嘲弄我。我當時下定決心要讓犯錯的人受到適當的處罰。

現在，我卻對我當時的作為感到慚愧。我現在才了解到，買那份報紙的人大概有一半不會看到那篇文章；看到的人裏，又有一半只會把它當做一件小事情；而真正注意到這篇文章的人中，又有一半在幾個星期之後就把這件事情忘得一乾二淨了。

我現在才知道，**一般人根本就不會想到我們，或是關心別人批評我們的甚麼話，他們只會想到他們自己**，在早飯前、早飯後，一直到深夜 12 點 10 分。他們對自己的小問題的關心程度，要比能置你我於死地的大消息高 1,000 倍。

即使你和我被人家說了無聊的閒話，被人當做笑柄，被人騙了，被人從後面捅了一刀，或者被某個我們最親密的朋友出賣了，也千萬不要在意。應該提醒自己想想耶穌碰到的那些事情，在 12 個最親密的友人裏，有一個背叛了他，而這個人所貪圖的賞金，如果折合成現在的錢來計算，也不過 19 美元。他最親密的友人裏還有另外一個在他惹上麻煩的時候公開背棄了他，3 次表白自己根本不認識耶穌。這就是耶穌所碰到的，出賣他的人佔了最親近的人六分之一，為甚麼我們還希望能夠比他更好呢？

　　我在很多年前就已經發現，雖然我不能阻止別人對我做任何不公正的批評，卻可以做一件更重要的事：我可以決定是否要讓自己受到那些不公正批評的干擾。

　　讓我把這一點說得更清楚些，我並不贊成完全不理會所有的批評，正相反，我所說的只是不理會那些不公正的批評。有一次，我問伊蓮娜‧羅斯福如何處理那些不公正的批評，大家都知道，她所受到的批評可真不少。她擁有的熱心朋友和兇猛的敵人，大概比任何一個在白宮住過的女人都要多得多。她告訴我，她小時候非常害羞，很怕別人說她甚麼，於是，她去向姨媽求助：「姨媽，我想做一件事，可我怕會受到批評。」

　　她的姨媽正視着她說：「不要管別人怎麼說，**只要你自己心裏知道你是對的就行了。**」伊蓮娜‧羅斯福告訴我，多年後她住進了白宮，這一忠告還是她的行事原則。她告訴我，避免所有批評的唯一方法，就是「做你心裏認為是對的事，因為你總會受到批評」。「做也該死，不做也該死」，這就是她對我的忠告。

　　已故的馬修‧布拉還在華爾街 40 號美國國際公司任總裁的時候，我問他是否對別人的批評很敏感，他回答說：

　　是的，我早年對這種事情非常敏感。我當時急於使公司裏的每一個人都認為我非常完美，要是他們不這樣想的話，我就會很憂慮。只要哪一個人對我有一些怨言，我就會想方設法去取悅他。可是，我所做的討好他的事情，總會使另外一個人生氣。等我想要補足這個人的時候，又會惹惱了其他的人。最後

我發現，我愈想去討好別人以避免批評，就愈會使我的敵人增加。所以最後我對自己說：「只要你超群出眾，你就一定會受到批評，所以還是趁早習慣了為好。」這一點對我大有幫助，從那以後，我就決定只盡我最大的能力去做事，而把我那把破傘收起來，讓批評的雨水從身上流下去，而不是滴在脖子裏。

狄姆士‧泰勒更進一步，他讓批評的雨水流入他的脖子，並且大笑一番。有一段時間，他在每個星期天下午紐約愛樂交響樂團舉行的空中音樂會的休息時間，發表音樂方面的評論。

有一個女人寫信給他，說他是「騙子、叛徒、毒蛇和白癡」。泰勒先生在他那本名為《人與音樂》(Of Men & Music) 的書裏說：「我猜她只喜歡聽音樂，不喜歡聽人講話。」在第二個星期的廣播節目裏，泰勒先生把這封信讀給幾百萬的聽眾聽。幾天後，他又接到這位太太寫來的另外一封信，她表示她絲毫沒有改變自己的看法。泰勒先生說：「她仍然認為，我是一個騙子、叛徒、毒蛇和白癡。」我們實在不能不佩服用這種態度來接受批評的人，我們佩服他的沉着理智、毫不動搖的態度和幽默感。

查爾斯‧舒韋伯對普林斯頓大學學生發表演講時表示，他所學到的最重要一課，是在鋼鐵廠裏工作的一個德國老人教給他的。那個德國老人和其他的一些工人為戰事問題發生了爭執，被那些人丟到了河裏。

「當他走進我的辦公室時，」舒韋伯先生說：「滿身都是泥和水，我問他對那些把他丟進河裏的人怎麼說，他回答：『我只是笑一笑。』」

　　舒韋伯先生説，後來，他就把這個德國老人的話當作他的座右銘——「只笑一笑」。當你成為不公正批評的受害者時，這個座右銘尤其管用。別人罵你的時候，你可以反唇相譏，可是對那些「只笑一笑」的人，你還能説些甚麼呢？

　　林肯要不是學會了對那些罵他的話置之不理，恐怕早就受不了內戰的壓力而崩潰了。他寫下的如何處理對自己的批評的方法，已經成為文學史上的經典之作。

　　在二次大戰期間，麥克阿瑟將軍曾經把它抄下來，掛在總部寫字台後面的牆上。而邱吉爾也把這段話鑲進了框子，掛在書房的牆上。全文如下：

　　如果我一定要去做，就不用理會所有對我的攻擊，這店不如關門去做別的生意。我用我所知的最好辦法去做，也盡我所能去做，而我打算一直這樣把事情做完。如果結果證明我是對的，那麼別人即使花 10 倍的力氣來說我是錯的，也沒有甚麼用。

　　如果遇到非難，請多考慮運用第二原則：

　　凡事盡力而為，然後撐起傘，將責難之雨避開。

卡耐基心得 Dale Carnegie's Tip

凡事盡力而為，然後撐起傘，將責難之雨避開。

反省，再反省

每個人都會犯錯，犯錯並不可怕，
只要時常反省，勇於接受他人批評，
並及時改善，就能不斷進步。

如果你去查我的檔案櫃，就會發現其中放有一個私人檔案夾，那是「我所幹過的蠢事」的記錄，裏面清楚地記載着那些我幹蠢事的經過。有時，我會口述讓秘書做記錄，但大多數的時候，因為這些事情牽涉到私人生活，而且愚蠢到我不好意思讓秘書做記錄的地步，就只好自己動手記錄了。

當我拿出那個名為「蠢事錄」的檔案夾，重新看一遍並自我批評時，它能夠幫助我處理那些棘手的問題。

我曾經將自己幹蠢事的責任推到他人身上，隨着自己漸漸變得理性和成熟，我發現自己應當承擔這些責任。不少人會隨着年齡的增長而認識到這一點。拿破崙流放聖海倫島後說：「我應當承擔全部失敗的責任，而不是讓其他人承擔。我最大的敵人其實是自己，正是這個原因造成了我的悲劇。」

這裏有一個懂得自我管理藝術的人的故事，故事的主角是

豪威爾。當他 1944 年 7 月 31 日在紐約大酒店突然身亡時，這一消息震驚了全國，影響了華爾街的股市，因為他是那時美國財經界的精英人物，曾出任美國商業信託銀行董事長，同時兼任數家大公司的董事。他並未受過多少教育，之前在小鎮做售貨員，後來做了一家國有鋼鐵公司的信用部經理，不斷升遷。

遇見豪威爾先生時，我曾向他請教成功的經驗。他說：

多年來，我一直堅持用日記本記錄兩天中的預約。我的家人從不奢望我與他們共度週末的晚上，他們知道那是我用來自我反省的時間，以評估我在此週的工作成績。晚餐過後，我就獨自一人打開日記本，回顧這一週來我所經歷過的會面、討論及開會過程。我對自己說：「我當時的發言是否有錯？哪些決定是正確的？我是否可以改進自己的工作方法？我能從這件事情中得到甚麼經驗？」每週的自我反省讓我十分沮喪，有時，我甚至不敢相信那是自己幹的。然而，隨着歲月的流逝，這樣的情況愈來愈少。而且，我已養成了這種自我剖析的習慣，它對我的事業有很大的促進作用。

豪威爾的這種方法，或許是從佛蘭克林那裏得到的啟示。但佛蘭克林的做法不是等到週末，而是每天晚上都進行自我反思。他發現自己有 13 項嚴重的錯誤行為，其中有 3 項是：虛度光陰、為小事分心以及與人爭辯。聰明的佛蘭克林知道，如果不改掉這些毛病，它們必然會阻礙他的事業。因此，他計劃一週找出一個缺點並去改正，並且每天檢查自己是否做到。下

一週開始，他將努力改掉另一個壞毛病。他堅持與自己的缺點做鬥爭，這場戰鬥一直延續了兩年。不難想像，佛蘭克林最終成為大眾的楷模。

艾爾伯特・哈達羅曾經說：「一個人在一天中最少也會有5分鐘的時間犯糊塗。」

大家常常難以接受他人的批評，聰明的人卻會從中取得進步。著名詩人惠特曼說：「難道你認為只能向欣賞你、尊重你、認同你的人學習嗎？而那些反對你、批評你的人，你不是能夠在他們那兒得到更多嗎？」

與其等待對手來指導我們的工作，不如我們先把它做好。還是讓我們用最嚴格的目光來挑出自己的錯誤吧。在他人指出我們的缺點之前，我們就應當自己去發現它並改正它。達爾文這樣做了，為了完成不朽的著作《物種起源》(*The Origin of Species*)，他感到這個里程碑式的學說一定會震驚整個宗教界和學術界。為此，他開始了長達15年的自我剖析過程，不斷查找相關資料，挑戰自己的理論，並進一步完善它。

假如誰罵你是豬頭，你會非常憤怒嗎？林肯總統的軍務部長愛德華・史丹頓就曾經罵林肯為豬頭，林肯是怎樣處理這件事情的呢？

史丹頓是為了林肯干預軍隊的事情而發脾氣的。林肯為了討好那些自私的政客，下達了一項調動軍隊的命令。史丹頓不僅堅決不執行命令，還指責林肯的大腦一定是進了水。當有人

將這件事告訴林肯時，林肯十分平靜地說：「如果是史丹頓罵我愚蠢，那我大半是真的做錯了事，因為以往出現這種情況時，他基本都罵對了。我過去和他討論一下。」

隨後林肯就過去了，史丹頓指出他的這項命令錯在何處後，林肯立即收回命令。林肯非常有勇氣接受他人的批評，只要批評是中肯的、為他着想的，他一定會認真考慮。

我們也應該學會接受這樣的批評，因為沒有一個人永遠都不犯錯誤。羅斯福總統也只敢奢望自己所做的事情中，有 75% 是正確的。就連最偉大的科學家愛因斯坦，也曾經承認自己在 99% 的時間裏做出的結論都是錯誤的。

法國作家拉勞斯夫曾經說過：「往往是敵人的看法，比我們對自己的看法更中肯。」

這句話通常是正確的，然而在接受批評時，假如不警告自己的話，還是會身不由己地採取防衛態度。每一次都讓我感到難以接受，不論對方是否正確。沒有人希望被批評，人只是希望被他人稱讚。我們往往是很情緒化的，我們的理性脆弱得像暴風雨下汪洋大海中的一葉小舟。

當他人談論我們的缺點時，我們最好能做到不急於去辯解，只要我們清醒一點，態度謙和一點，我們就會說：「如果他能夠知道我更多的缺點，就去接受這些批評吧！」

如何面對不中肯的攻擊呢？我曾經和其他人一起探討過，這裏有一個觀點：當你因被他人惡意詆譭而大怒時，為甚麼不

先提示自己:「哦,是的……我並不是完美的。連愛因斯坦這樣的偉大人物,都承認 99% 的情況下自己所做的判斷是錯誤的,而我們至少也該有 80% 的時間會犯錯誤。說不定這個批評是正確的,要真的是這樣,我就應當表示感謝才對,並設法汲取經驗少犯錯誤。」

鮑恩・霍伯曾受查爾斯・盧克曼 100 萬美元的高薪聘請出席廣播節目,他從不在意誇獎他的信,而只注重那些批評他的信,因為他懂得如何從批評中獲益。福特汽車公司為了搞清楚管理與運作中的缺陷,曾邀請員工對公司提出批評與建議。

我認識一位推銷香皂的業務員,他時常主動請別人給自己提出批評意見。最初,他推銷高露潔香皂時,接的訂單很少,他甚至擔心自己會因此失業。他知道產品以及價位都沒有問題,那麼問題一定出在自己身上。當他推銷不暢時,他就會在街上停下來想一想自己在甚麼地方做得不對,是自己沒有說清楚產品的優點,還是表現得不夠熱情?有時他會回訪客戶:「我返回來不是為了出售香皂,而是希望能得到您的批評與指點。您是否可以告訴我,我剛才在甚麼地方做錯了?您的經驗比我豐富,事業也比我做得好,懇請給我一些指點,請說您真實的看法。」

他的態度讓他交上了很多朋友,並得到許多寶貴的經驗。你知道他以後的發展嗎?他後來擔任了當代最大的香皂生產公司——高露潔公司的總裁。他就是立特先生。

　　只有那些心胸寬廣的人，才能夠像豪威爾、佛蘭克林和立特那樣去做。你為甚麼不問問自己是不是這樣的人呢？

卡耐基心得 Dale Carnegie's Tip

在他人指出我們的缺點之前，我們就應當自己去發現它並改正它。

如何消除疲勞

消除憂慮的首要條件是休息，
在疲倦到來之前，
要好好利用這段時間休息，
讓緊張的情緒完全放鬆下來。
這個經驗對從事腦力勞動和體力勞動的人都有效。

本書在談如何避免憂慮，那麼，怎樣消除疲勞將是一個關鍵的問題。在日常生活中，一次感冒會使人全身疲痛，讓你的免疫力下降，從而產生困倦感。心理醫生會告訴你，困倦容易讓人產生憂慮、恐懼，空虛、煩惱等不良情緒。因此，對疲勞的預防等於防止憂慮。

防止困倦是為了預防憂慮的產生，這話是否說得太委婉了？艾德蒙‧雅各布森博士說得更直接。雅各布森博士在擔任芝加哥大學實驗心理學實驗室的主任時，他寫過《消除緊張》（*Progressive Relaxation*）和《你必須學會放鬆》（*You Must Relax*）兩本書，他多年鑽研放鬆緊張情緒的方法。如何面對緊張呢？他指出：「不論憂慮、煩惱和壓力，都是由精神和情緒上

的緊張造成的，那麼，只要讓大腦完全放鬆下來，這一切症狀就會隨之消失。」

所以，消除憂慮的首要條件是休息，在疲倦到來之前，要好好利用這段時間休息，讓緊張的情緒完全放鬆下來。

休息為何如此關鍵呢？因為疲勞一旦積累起來，將極為迅速。美國陸軍經過多次實驗證明，即使是年輕人，如果在軍事訓練中每小時休息 10 分鐘，他們的行軍速度就會加快，而且會更持久，所以陸軍軍規規定他們必須這樣去做。其實，你的心臟也像美國陸軍一樣。心臟裏每天通過的血液量，能夠裝滿一節火車油廂；心臟每天提供的能量，可以讓你用鏟子把 20 噸煤裝上一個 3 英尺高的平台。一個人的心臟能夠完成如此巨大得讓人難以相信的工作量，並且要持續工作 50 年、70 年，甚至 90 年。在這樣長的時間裏，你的心臟如何能夠承受得了呢？哈佛醫學院的沃爾特・加倫博士説：「許多人都以為人的心臟一天 24 小時都忙個不停，實際上，心臟在每一次壓縮過血液之後，就會休息一小會兒。心臟以正常頻率每分鐘跳動 72 次，按這樣計算，24 小時裏心臟實際只工作了 9 小時，而其他的 15 個小時則是間隔的休息時間。」

二戰期間，年近 70 歲的邱吉爾仍在指揮英國軍隊同德軍作戰，每天要工作 16 小時，真是一件不可思議的事情。他如何工作呢？他每天清晨開始工作，看報告、下命令、打電話，有時還會在床上召開重要會議，一直到中午 11 點才下床吃些東西，然後上床再小憩一個小時。晚餐前 8 點鐘左右，他會再休

息兩個小時。他在沒有感到疲勞之前就開始睡覺了,因此不會受疲勞的困擾。他提前阻止了疲勞的發生,這樣他就能夠精神飽滿地工作到深夜。

約翰·洛克菲勒創造了兩個驚人的紀錄:其一,他賺到了鉅額財富,成為當時的世界首富;其二,他活到了 98 歲高齡。他如何做到這兩點呢?當然,父母的遺傳基因是重要的,他家族裏的人都很長壽。但最重要的是他生活有規律,每天午餐後,他都會在辦公室裏小憩半個小時,他躺在辦公室的沙發上午睡時,即使是美國總統打過來的電話他也不接。

《為甚麼會疲倦》(Why Be Tired) 的作者丹尼爾說:「休息並不是一覺睡得天昏地暗,休息其實是對身體養料的及時補充。即使睡上短短的 5 分鐘時間,對我們疲勞的身體都會有很強的修補能力,能夠有效防止疲勞的產生。」棒球明星康尼·麥克曾對我說:「我在每次比賽前,都會睡一會兒午覺,如果不這樣的話,到第 5 局時,我全身都會感到十分疲勞。但只要是睡過哪怕 5 分鐘的午覺,我將會精神飽滿地打完全場比賽而不感到疲倦。」

埃莉諾·羅斯福夫人在當第一夫人的那 12 年裏,是怎樣面對緊張生活的呢?她告訴我:「每次接見很多人或是要發表公眾演說之前,我都會坐在一張椅子上,閉目休息 20 分鐘。」

不久前,我採訪了演藝界的著名人物喬恩·奧特里,我驚奇地發現他在辦公室裏放了一張床。喬恩·奧特里說:「我每天下午都要在這張床上躺一會兒,在兩場演出的間隙,我都要休

息一個小時。我在荷李活拍電影最繁忙的日子裏，也會努力去找軟椅子躺下來。我每天都會睡上 20 分鐘，這樣工作起來才有精神。」

大發明家愛迪生一生中有許多發明，除了他有強壯的體魄之外，還在於他有想睡就睡的習慣，這些為他的工作提供了足夠的精力。

在商界名人亨利‧福特過 80 歲生日的前夕，我採訪了他。讓我大惑不解的是，他看起來還是那樣精神矍鑠。我向他詢問秘訣，他說：「原因很簡單，當我能坐着的時候，我絕不站着；能躺下來一會兒，我就絕不坐着。」

現代教育之父霍勒斯‧曼也用了同樣的方法。在他擔任安提奧克大學校長的時候，他年齡已經很大了，所以他常常躺在椅子上會見學生。

我曾向一位朋友提議嘗試這個方法，他後來對我說，這個方法非常有效，他就是荷李活大名鼎鼎的導演傑克‧切特克。數年前他來看望我的時候，他是米高梅影片公司製片部主任，繁重的工作常常使他感到力不從心。他試過很多方法，喝礦泉水、吃維他命等，但都毫無改進。我建議他每天小睡一會兒，方法十分簡單，就是在工作的時候，不時躺下來盡量放鬆自己。

兩年之後我們重逢，傑克簡直像變了一個人。他興奮地對我說：「太神奇了，連醫生都驚詫不已。以前我總是坐着和別人談劇本，十分疲憊。現在，每次開會時我就躺在沙發上。我現

在感到我的精神甚至比 20 年前的還要好,每天能比以前多工作兩個小時,再也沒有感到疲憊過。」

不過,這種方法並不適用於所有的人。如果你是一名打字員,你就沒有機會像愛迪生或傑克·切特克那樣,每天在辦公室裏休息一會兒。假如你是一名會計師,你也不敢躺在長沙發上與上司討論賬目。如果你住的城市不大,每天回家吃午飯的時候,擠出時間休息 10 分鐘,便可預防疲勞的產生。二戰期間,馬歇爾將軍感到指揮美軍部隊十分緊張,所以午睡對他非常重要。假如你已經年屆五十,忙得連這一點都做不到,那麼你趕快趁早買人壽保險好了。

如果你做不到這一點,晚飯前一定要抽空休息一個小時,這比喝一杯酒提神要有效得多。假如你能夠做到在下午 5 點或 6 點時休息一個小時,這樣在你的生活中,每天將增加一小時的清醒時間。這是因為晚飯前睡一個小時,勝過夜裏 6 個小時的睡眠質量,將會把你絕大部分的疲倦杜絕在門外。

上述經驗不僅對從事腦力勞動的人有效,對體力勞動者也同樣有效。**假如休息充分的話,那麼將可以完成更多的工作。**管理學專家弗雷德里克·泰勒在擔任貝德漢姆鋼鐵公司工程師時,曾做過一個試驗證明了這一點:一個工人如果每天往貨車上裝運 12.5 噸鋼材的話,到中午時他就筋疲力盡了。泰勒做了一次定性研究,查找工人們產生疲勞的原因。按照他的計算,人們應該能夠運 40 噸以上的鋼鐵,而不是像現在這樣感到疲勞。

　　泰勒選擇施密特先生作為他的研究對象，讓他按照規定時間作息。一個人站在施密特旁邊拿着手錶看時間，讓他按一定規律停下來休息。

　　結果如何呢？其他人每天只能裝運 12.5 噸鋼鐵，而施密特每天能較為輕鬆地裝運 47.5 噸鋼鐵。弗雷德里克‧泰勒在貝德漢姆鋼鐵公司工作的 3 年中，施密特的工作效率從來沒有下降過。之所以能如此高效地工作，是因為他做到了趕在疲勞來臨之前稍作休息，在每 60 分鐘裏，他只工作 26 分鐘，其餘的 34 分鐘進行休整。他休息的時間要比工作的時間多一倍半，但他的效率幾乎是一般人的 4 倍。

　　還是讓我們把美國陸軍的經驗，變成我們自己的經驗吧。按你的心臟提示你的規則去做，趕在感到疲勞之前休息。如果你能夠掌握這些，就不會受到疲勞的困擾了。

卡耐基心得 Dale Carnegie's Tip

　　按你的心臟提示你的規則去做，趕在感到疲勞之前休息。

是甚麼使你疲勞

心理學家認為，
人們之所以有疲勞感，
大部分是因為精神和情緒因素引起的。
對付這種精神上的疲勞，
唯一有效的辦法就是放鬆。

　　腦力勞動者不會因為用腦而感到疲倦，這是一個讓人十分驚訝的事實，它影響了我的一生。也許這超出許多人的想像，數年前，從事腦神經研究的科學家對大腦機能進行了充分而細緻的研究後得出結論：大腦不論進行多久的運作，都不是產生疲勞的主要原因。我們從一個正在進行體力勞動的人身上抽出血液，研究發現，他的血液裏含有疲勞毒素和多種有害物質。但從偉大的科學家愛因斯坦身上抽出的血液顯示，即使他已工作了一整天，其血液裏也沒有任何有害的疲勞毒素存在。如果僅僅從事腦力勞動的話，即使你工作了 8 個或 12 個小時後，它與你工作前並沒有甚麼兩樣。大腦沒有產生疲倦，那麼，是甚麼原因讓你感到疲倦呢？

心理學家認為，人們之所以有疲勞感，大部分是因為精神和情緒因素引起的。英國有史以來最著名的心理精神學家哈德菲爾德在他所著的《心理的力量》(*The Psychology of Power*)一書中說：「人們的疲勞感很多是由心理因素造成的。事實上，純粹由生理引發的疲勞極其少見。」

美國最著名的精神病理分析家之一的布里爾博士對此有精闢的論述，他說：「一個健康的腦力勞動者從事腦力勞動時，他的疲勞感全部來自心理因素，也就是由情感因素引起的。」

哪些心理因素會影響到坐辦公室的工作者而使他們感到疲勞呢？快樂？滿足？顯然，並不是這些因素導致疲勞。導致疲勞的因素肯定是憤怒、仇恨、憂慮、煩躁、懊喪……是這些無形殺手致使勞動者情緒低落。匆忙、焦躁、憂慮等因素，都是導致那些坐辦公室的人精神疲勞的心理原因，這些會使他容易感冒，工作效率低下，並且還可能讓他在回家的路上發生神經性頭痛。**之所以會有疲勞感，是因為情緒的緊張導致我們身體的緊張。**

一家人壽保險公司專門印製了一本小冊子，上面指出：「過度的勞動本身並不造成疲勞，憂慮、緊張和不安的情緒才是造成疲勞的三大因素。通常情況下，我們認為是身體和精神勞動產生了疲勞，事實上，都是由於上述 3 個原因造成的，它們才是真正的兇手。別忘了，緊張的肌肉是由於持續工作造成的，對此應當在工作之前盡量放鬆自己。」請您現在就停下手中的工作，學會放鬆一下：剛才你看此書時，是否皺過眉頭？是否

感到雙眼已經產生了疲勞的感覺？你是不是十分放鬆地坐在椅子上？肩聳起來了嗎？臉上的肌肉是否感到僵硬？此時，你就會讓自己的神經和肌肉變得緊張起來，也就是說，你已經感到了疲勞。

為何我們在用腦的時候，會產生如此多不必要的緊張呢？著名精神病理分析家丹尼爾·喬塞林說：「這是因為世人都認為，在困難面前，你必須做出奮發圖強的樣子，不然就難以做出成績。這樣一來，所產生的精神壓力就讓我們皺起了眉頭、聳起了肩膀，我們的肌肉就在憂慮、煩躁中感到了疲憊。實際上，它不能幫我們解決任何問題，反而使我們陷入痛苦之中。」

遇到這種精神上的疲勞該如何應對？唯一有效的辦法就是放鬆。

說起來容易，但實際操作起來就會感到困難重重，因為你已經養成了那些不好的習慣。心理學專家威廉·詹姆斯在他所著的《如何放鬆心情》(The Gospel of Relaxation) 一書裏說：「美國人過度精神緊張、坐立不安，煩躁以及痛苦不堪的表情是一種不折不扣的壞習慣。」緊張是一種習慣，放鬆也是一種習慣，壞習慣應該去掉，好習慣則應該慢慢培養。花這種精力是非常值得的，這會讓你的生活和工作產生實質性的變化。

如何才能放鬆下來呢？是從心理開始，還是從神經開始呢？其實它們都不能解決問題，你首先應該學會放鬆肌肉。該如何去做呢？我們還是先從眼睛開始吧。讀完此段後，閉上雙眼，把身體向椅子靠靠，然後默默地對自己說：「放鬆，再放

鬆，不要過於緊張，不要再皺着眉頭，放鬆些，再放鬆些……」如此緩慢地唸着，持續一分鐘。

幾秒鐘過後，你是否意識到眼部的肌肉已隨着你心中所唸放鬆的聲音而消除疲勞了呢？就像有一隻無形的手，把那些緊張的情緒都抹去了一樣，變得輕鬆了許多。這多少有些出人意料，你在這一分鐘的時間裏，已經學會了放鬆情緒的秘訣。同樣你可以用此辦法，去放鬆你臉部、頭部、肩膀的肌肉，以及你的整個身心。當然，你需要放鬆的最重要器官是你的眼睛。芝加哥大學的傑克布森博士説：「假如你能夠徹底放鬆眼部肌肉的話，你就能夠忘記全部煩惱。」眼睛為甚麼如此重要呢？醫學上説，這是因為眼睛消耗了我們全身精力的四分之一，對於那些視力正常的人來説也是如此，他們都會因為眼部的原因感到緊張。

著名女作家維基・鮑姆説，她小時候摔了一跤，被一位老人救起，老人對她説了一番話，影響了她的一生。老人説：「你受傷的原因，是由於你不懂得如何讓自己放鬆下來。你應該想像着自己像一隻襪子般柔軟，就像一隻穿舊了的襪子那樣。過來吧小姑娘，我來示範，你看着做吧。」

接着，那個老人就教維基和其他的孩子如何跑、如何跳、如何翻筋斗，且一邊對他們説：「如果能把自己想像成一隻柔軟的舊襪子，你就能夠放鬆下來。」

在所有地方，你都能隨時放鬆下來，但不必刻意去讓自己放鬆。放鬆，就是讓你去除全部的緊張和壓迫感。首先，你試

着放鬆眼部和臉上的肌肉，不斷對自己說：「放鬆！放鬆！再放鬆！」直到你感覺臉部的肌肉一直到整個身體都像嬰兒一樣自然放鬆下來。

這也是著名女高音蓋莉·庫爾奇常用的辦法。蓋莉·庫爾奇在表演之前，經常會坐在一張沙發上，讓全身的肌肉放鬆，讓下顎低垂着，從而完全鬆懈下來。這樣一來，她登台時就不會感到緊張了，有效防止了疲勞的產生。

下面是如何放鬆的 4 個詳細建議：

首先，時刻讓自己放鬆，讓身體柔軟得像一隻舊襪子一樣。工作的時候，將一隻舊襪子放在書桌上，它會時刻提醒我們應當放鬆到怎樣的程度。要是你不能找到一隻舊襪子，那麼一隻貓也行，你見過在太陽下睡覺的小貓嗎？當你把牠抱起來時，牠的頭和四肢就像打濕了的報紙一樣軟塌塌的，據說，印度的瑜伽術就是從貓那兒得到啟發。假如你想知道如何放鬆，就應該多觀察貓。如果你能夠像貓一樣放鬆自己，那麼，許多麻煩就不會再找你了。

其次，工作時要盡量保持舒服的姿勢。請記住，身體一旦緊張了，就會產生肩膀的痠痛和精神上的疲勞。

再次，每天自我反省 5 次，告誡自己：「我是否在工作中浪費了自己的精力？和工作無關的能量我是否也在使用？」這些對你養成放鬆的習慣非常有幫助。就像芬克博士所說的那樣：「對心理學非常精通的人都明白，有三分之二的疲倦都是由不良習慣造成的。」

最後，每天晚上再反省一次，問自己説：「我是否疲倦？**假如我感到疲倦的話，這並不是我的工作造成的，而是我做事的方法不對造成的。**」喬士林説：「要看自己的工作成績，不是看我在下班之後有多麼疲倦，而應看到的是我一點也不疲倦。當一天結束時，如果我疲憊不堪，或是感到精神上特別疲勞時，我明白，這一天在工作上我是失敗的。」假如美國企業的管理者都能掌握這一規則，就會使因精神緊張而引發的疾病的致死率大幅度下降，同時，精神病院裏也不會再有因疲勞而導致精神崩潰的人入住了。

讓疲勞永遠消失，從而煥發出青春。

卡耐基心得 Dale Carnegie's Tip

假如你能夠徹底放鬆眼部肌肉的話，你就能夠忘記全部煩惱。

讓疲倦永遠消失

治療煩惱最有效的良方就是找自己的貼心好友傾訴一番，
這種方法叫作「宣洩療法」。

　　去年秋天的一個下午，我的助手參加了波士頓的一個醫學
座談會，與會者都是經過醫院診斷的患者。更確切地說，這個
會議是一次心理治療實驗，真正的目的是幫助那些因煩躁苦悶
而發病的人。到會的很多是情緒異常的女人。

　　開這個座談會有甚麼理由呢？著名心理醫生約瑟夫．布拉
特博士於 1930 年得出一項令人震驚的發現：就診的許多患者
其實並沒有甚麼生理上的問題，但他們給人的感覺卻是有很強
烈的病態。有位婦女患的是嚴重的手指關節炎，十指痛得不能
動彈。另一位似乎患有胃癌。除此之外，還有人頭痛、背痛，
她們長期感覺疲勞，更有甚者會無緣無故地感到疼痛。她們雖
然察覺到了這些奇怪的病症，但在做了全面身體檢查後，卻根
本查不出一點生理上的病變。假如換了以前的醫生，肯定會認
為她們患的是因思想負擔太沉重而引起的幻想症。

　　布拉特博士是個有經驗的醫生，他明白，現在說甚麼對她

們都是沒有說服力的，因為這樣根本解決不了問題。說實在的，若能這麼容易地解決問題，她們何必跑到醫院來呢？

於是，他別出心裁地開辦了這個特別的座談會。整整 18 年來，數以千計的患者在這種座談會上得到了康復，她們之中有相當一部分人每年都會來參加。我的助手和一位 9 年來從不缺席的婦女進行了交談。她說，最初，她確信自己是患了腎病和心臟病。正是這個原因，她長期焦慮不安、苦悶，甚至有時眼前一陣漆黑，隨之而來的是間歇性失明。可經過醫生這麼多年的開導，她的心胸變得開闊了很多，對自己充滿信心。她現在雖然已到花甲之年，給人的感覺卻不過 40 歲左右，而且她已經做了外婆。她說：「你怎麼也不會想到，現在的我和以前的我是同一個人，那個時候因為苦悶和強烈的失落感，我曾想過自殺。而現在我終於認識到，這些情緒對健康根本是無益的。我還明白了只有靠自己，才能創造出新生活。」

露絲‧海夫汀博士認為，治療煩惱最有效的良方就是找自己貼心的好友傾訴一番，她稱之為「宣洩療法」。她說：「病人每次來就診，總是滿腹牢騷，她們無法自控苦悶的情緒，迫不及待地將鬱悶、憂愁、苦惱都說給你聽，希望從你這裏得到安慰。當然，排解她們的憂愁是我的職業之所在，我要做的是盡可能減少她們的痛苦，使她們明白人世間的真情，從而感受到生活在這個世界上的意義。」

我的助手曾親眼目睹這種方法的神奇療效。

有一位女士最初來參加座談會時，活脫脫像一隻受驚的小

鳥，內心極其不安。不久，她可以正常交流了，並滔滔訴説數不盡的苦水，以及與這個世界格格不入的看法和觀點，並在短時間內開始變得平靜。就在座談會結束時，她笑了，笑得非常自然舒坦。那麼，這是否意味着她已康復？沒那麼容易，她只是在語言的溝通中，體會到了與人們交流帶來的溫暖，她感到在這個世界上，她還是被關心和同情的。這個短暫的成功源於語言的魅力，在治療過程中，語言是個大功臣。

説實話，心理分析的功效很大部分都來源於語言的溝通，自弗洛伊德時代開始，心理學家就明白，假如病人**將長期積鬱於心的苦水倒出，他們就可以得到放鬆，**他們的憂慮最少可以減輕一大半。這是甚麼緣故呢？可能他吐出了心裏話，就可以解除內心的不安，讓自己清醒一點，從而判斷出問題所在。或者説，「傾吐心中的鬱悶」能讓自己徹底放鬆一次。

因此，下次你再感覺煩悶的時候，就試着找個人來傾訴一番。這樣説並不是教你變成嘮嘮叨叨的傾訴狂，而是要選擇對象，起碼是你信得過的朋友，要麼是醫生、親戚或者神父。告訴他你自己所期望傾訴的東西，即使他們對你沒甚麼直接幫助，都能坐在那裏認真聽你傾訴，這樣對你也是非常有好處的。將憂慮和盤托出，是治療中最基本的手段，另外還配有別的相應方法，對你的自我治療或許有一定的啟發作用：

1、將你能夠在其中獲得精神力量的作品剪輯成冊，當你遭受刺激時，將它翻出來，並找到能使你心情愉悦的文字讀一讀。這種療法現在已得到大家的認可。

2、對於旁人的一些過失不要過於計較。即使你的丈夫（妻子）有這樣那樣的毛病，可是你應該明白，假如他（她）真的那麼完美，那就是「神」而不是「人」了。

難道不是嗎？有一個挑三揀四的女人，終日只知道對丈夫挑剔。有一次，她參加了治療座談會，主持醫生問她，假如她的丈夫忽然去世，她將會怎樣呢？她一下清醒過來了，並將丈夫的優點寫了滿滿的一張紙。

如果你後悔嫁給那位很粗暴的男人，也可嘗試這種方法，到時候你會發現，他並非是個粗魯的男人，而且深愛着你。

3、盡量多地奉獻愛心給身邊的人。有這樣一位保守的女人，她身邊一個朋友都沒有。後來，她學着讓自己放鬆，並主動同周圍人交往。如今，她已變成一位快樂的、笑口常開的女人了。

4、在入睡之前，就將明天的計劃安排清楚。繁重的事務讓人心緒沉重，並感到沮喪。為了改變這焦頭爛額的窘迫狀況，就必須掌握好明天的日程表。這樣，你做起來就會井井有條，操作起來不慌不忙。你得掌控好時間，若做甚麼事都能非常得心應手，你自己當然會有一種滿足感。

5、避免讓疲勞和緊張來打擾你，放鬆、再放鬆。最厲害的魔鬼也比不上疲勞和緊張這兩大天敵對你的破壞力，它們會使你的容顏憔悴。假如你想穩穩當當做點甚麼，就必須學會盡可能地放鬆，要無拘無束地躺在地板或沙發上。其實，木板床比地板更有益，而且更利於消除煩悶和緊張的情緒。下面的方

法或許對你有些作用，不妨先嘗試一下，堅持一個星期。

a. 只要稍感不適，就平躺在地板上，並伸展四肢，在地板上打個滾，一天兩次。

b. 緊閉雙眼，在心中告誡自己：「陽光如此美好地降臨在我的臉上，蔚藍的天空如此溫柔，大自然美好寧靜，而我作為上帝的孩子，正在與自然界融為一體。」在心裏不斷唸叨這些句子。

c. 如果無法躺在地板上，就坐在硬木椅上，這樣也會有相同的作用。將腰杆伸直，雙手平放在大腿上，並保持輕鬆的心情伸伸脖子，來回活動一下筋骨。

d. 從腳趾開始收放肌肉，慢慢移至腿部，最後到達頭頂，並使頭部和腳部一樣用力地伸縮。這麼往復多次，而後，輕輕和肌肉對話：「不要緊張，要放鬆！」

e. 嘗試用一定節奏的深呼吸來撫平焦慮的內心。

f. 想像一下自己臉部的皺紋，再想像把它慢慢撫平。一天重複兩次，讓這快樂的心境來消除歲月流逝的痕跡；或許不需要進入美容院，你就會恢復美麗的容顏。

卡耐基心得 Dale Carnegie's Tip

坦言憂慮，是治療煩悶最基本的手段。

四種良好的工作習慣

養成四種良好的工作習慣：

工作台整潔有序；

有重點地處理事情；

當機立斷、馬上行動；

學會領導、下放權力和監督。

良好的工作習慣之第一項：辦公桌上除了眼前急需處理的文件外，其他的都必須收拾起來。芝加哥西北鋼鐵公司的總裁威廉姆斯說過：「將桌上不用的文件收拾整齊的人的工作效率，比將桌上堆滿各種文件的人的工作效率高很多，我說這是智者的一種方法，也是提高效率的第一步。」

當你走進華盛頓國會圖書館，在天井的石刻上你會看到著名詩人赫普的一句名言：

井然有序，自然的首要法則。

井然有序應是工作中的首要法則。在現實中，人們又是怎樣表現的呢？絕大多數職員的辦公桌上，都閒置着一大堆文

件。《新奧爾良報》發行商對我說，他的秘書在整理一張桌子的時候，竟然意外地發現了兩年前丟失的一台打字機。

放在桌上的信箋、文件及備忘錄讓人看了就頭痛，工作起來真是毫無頭緒。而人們也不收拾，經常還有託詞，甚麼最近太忙啦、無從下手啦等等，給自己製造出不必要的麻煩，最糟糕的是會引起高血壓、心臟病及胃潰瘍。

賓夕法尼亞大學醫學院的教授發表了一篇有見解的報告，題目是《功能性神經衰弱——常見的機體併發症》，在這篇報告中，教授提出了 11 項需要患者改進的精神狀態，第一項是：「過於強烈的責任感，無休無止地工作。」

可是，即使將辦公桌收拾得很整潔，也未必能完全抑制你的心理疾病。

著名的心理醫生薩德勒只花了片刻工夫，就將一位神經衰弱者治癒了。該先生是芝加哥一家大公司的主管，他到診所是因為患上了嚴重的憂慮症。他根本不知道自己每天在幹甚麼，雖然病情已非常嚴重，可他看上去並不像得了甚麼重症那麼可怕，所以，他也沒有甚麼理由離開工作崗位，只好求助於心理醫生。

薩德勒醫生這樣描述那天的情形：

那天我正要與他交談，可電話接二連三。有一個是醫院打來的，我很快給了答覆；另一個是緊急電話，我與對方稍作討論後給出了回應；第三個是朋友，他是向我詢問精神病患者

治療意見的。當我接完電話正準備對他說抱歉時，發現他的心情已經舒展開來，和剛才已判若兩人。

他說：「醫生，沒關係，在這短短的 10 分鐘裏我想了很多東西，有種如夢初醒的感覺，我明白了自己身上存在的不足。回去後，我會改進這些不足並讓自己過得舒暢些。回去之前，我是否可以看一下你的抽屜？」

於是我拉開了抽屜，裏面除了辦公文具，幾乎甚麼也沒有。他說你沒有要處理的文件嗎，我說都已做完了，我沒有任何拖欠下來的工作，假如事情太忙，就由我口授讓秘書代筆。

過了 6 週，他在自己的辦公室約我見面。他完全改變了，他的桌子和抽屜已經和我的一樣，除了文具甚麼也沒有。他告訴我說：「6 週以前，我有兩間辦公室、三張辦公桌，裏面塞滿了文件，可我從來沒有想過去整理。從你那裏我得到了啟示，所以回來以後，我第一件事就是清除所有雜物。現在，我非常輕鬆地只用一張桌子，即使有了工作，也立刻做完，再也不會為以前累積的欠單而發愁了。這是你的功勞，我的精神狀態非常好，你看我現在身體非常健康。」

曾在美國最高法院擔任過院長的哈格斯這麼說：「勞動再多也不會致命，而煩惱、憂愁過度卻能。」在工作上，煩惱過多、憂慮過度，才是致死的真正原因。

良好的工作習慣第二項：有重點地處理事情。城市服務公司創建者杜赫說過：「就是用金錢也買不到兩種具有創造性的能力：一是思維敏捷；二是分析事情輕重緩急的能力。」

　　派珀秀登公司的老闆萊克曼原來是一個窮光蛋，經過 12
年的努力，他終於躋身百萬富翁之列，也是得益於杜赫所提到
的兩種才能。萊克曼説：「不知從甚麼時候起，我就養成了這個
習慣：清晨 5 點我就起床，此時我的思路非常清晰，開始一天
的工作安排，以及決定如何具體操作。」

　　全美業績最好的保險業務員貝特格安排工作的時間不是在
清晨 5 點，他在前一天夜間就確定了他的計劃，並計劃要在第
二天達到某個標準。如果第二天沒有達到計劃數額，那麼，他
就將其差額再加在第三天的標準數額上。

　　根據經驗我們知道，人要一直有條不紊地行事非常困難。
可我們也明白，**有秩序地去幹工作，要比蒙着眼睛瞎做有效
得多。**

　　假如蕭伯納做事沒有這種計劃性，那麼，他絕不會成為舉
世聞名的作家，而只能在小小的銀行職員的位置上坐一輩子。
他的目標是出人頭地，所以他要求自己每天寫 5 頁作品，即使
在最慘淡無望的 9 年裏他也沒有放棄。在這 9 年間，他過着極
其窘迫的日子，總共收入只有 30 美元，算一下一天竟不足 1
分錢。

　　良好的工作習慣第三項：當機立斷、馬上行動。已故的豪
威爾曾是我的學員，他給我講過下面的一件事。在他出任全美
鋼鐵公司董事時，董事會花了大量的精力審議提案，可只有小
部分被通過，而大部分在爭吵時被擱置。這就害苦了諸位董事，
他們被迫將這些議案帶回家中繼續研究。據理力爭之後，他説

服了董事會每天只審一個議案，但一定要討論出最後結果，絕不可以遺留到下一次開會。果然效率大有提高，工作進行得非常順利，董事們再也不因此事而忙得團團轉了，煩惱也沒有了。其實，每個公司的董事會都應該養成這種良好的習慣。

良好的工作習慣第四項：學會領導、下放權力和監督。很多事業有成的老闆不懂得將權力下放，而一意孤行獨攬大權。可是，人的精力是有限的，要想做個完人且做得很出色是不現實的。如果甚麼事情都得自己身體力行，肯定會招致很多的煩惱。我也知道要將權力分散給他人非常難做到，一旦錯誤地將權力授予缺乏工作經驗和能力的人，將會引起更大的災難和煩惱。要避免為不必要的事煩躁、苦悶，只有放權，沒有別的路可走。

白手起家的人多半閒不住，如果不學會領導、下放權力和監督這三項好習慣，在步入 50 到 60 歲左右時就準備勞碌而死吧。如果你覺得這是聳人聽聞之言而不肯相信，那去看看報紙上每天刊發的訃告好了。

卡耐基心得 Dale Carnegie's Tip

井然有序應是工作中的首要法則。

如何消除煩悶心理

心理上的厭倦比工作上的勞累更容易讓人產生疲勞。

為了消除疲勞，

就必須把工作變得有趣，

把自己變得有生機，

充滿熱情地享受工作和生活。

導致疲勞最主要的原因就是厭煩心理。為說明其中的道理，我們來看艾麗絲的例子。

下班後，作為公司主管的她疲勞至極地回到家中，感覺全身像要散架一般，吃甚麼都不香，只想倒頭就睡。媽媽心疼她，拼命要她吃點東西。她應付式地吃了幾口，這時，電話鈴聲響了，是她男朋友打來的，約她去跳舞。剎那間，她就像換了一個人一樣，精神煥發。她興奮不已地上樓去換自己最喜歡的衣服，到凌晨 3 點才回家，回來後還興奮得睡不着。

那麼在這之前，她是否累了呢？她的確累了。她不高興，感到厭煩，因為她不喜歡自己的工作，但卻對美好的未來充滿期待。像她這種狀態的人實在太多了，說不定你也是其中的一個。

心理上的厭倦比工作上的勞累更容易讓人產生疲勞，這是不可爭辯的事實。幾年前，巴麥克博士出了一本《心理學檔案》(*Archives of Psychology*) 的書，證明厭煩情緒才是產生疲勞的根源。他讓學生參與他的實驗，結果，學生一個個昏昏沉沉、緊張不安、疲憊異常，甚至還有人說胃出了問題。這難道是裝出來的嗎？

不是的。學生都接受了新陳代謝的檢查，結果表明，當人感到疲倦時，血壓會降低，氧的消耗量會成倍下降。工作一旦進展順利，情緒就會很快趨於穩定，新陳代謝也就會大大加快。

人們一旦對某些事情產生了極大的熱情，就不會有疲勞感了。我曾在加拿大洛基山度過假，在幾天的遠距離行程中，我一路上在克萊爾河中釣魚，跋山涉水，穿越煩人的灌木叢、荊棘林，而且隨時可能摔倒在地。但即使如此，我也不感到勞累、困倦，甚麼原因呢？你知道，我的興趣就是釣魚，一下子釣到 6 條大魚便使我所有的苦惱變為甘甜的興奮了。假如我覺得釣魚一點意思都沒有，結果會是怎樣？翻越一座海拔 7,000 英尺的大山對任何人來說都是折磨和受罪吧。

事實上，像登山這種極耗體力的運動，身體不會因勞累而垮下來，主要是思想和精神的原因。明里阿波利斯的金融巨頭金曼先生有這麼一段經歷，就可以證實這個論點：

1953 年 7 月，為了幫助森林巡邏隊搞好登山訓練，加拿大政府指令他們的登山協會多派一些登山高手作嚮導，我有幸

成為其中一員。我們的嚮導差不多 50 歲了，他帶着我們爬雪山、過小溪，經過 115 個小時的跋涉，那些經過專業培訓的年輕登山隊員都累得趴下了。

很多人連飯都不想吃就睡了，而那些比他們年長許多的嚮導們不但吃了晚飯，還在睡覺的時間談笑風生，這是為甚麼？因為他們熱愛這項體育運動。

那些年輕人為甚麼會出現這種情況呢？是因為訓練毫無目的性嗎？顯然，任何有這方面常識的人都會認為那是胡說八道，其實最大的敵人是他們對這項運動沒有興趣和熱情。

索達克博士進行過一項充滿樂趣的實驗，用各種方法使幾個年輕人一個星期沒睡覺。他就此寫出一份報告——煩悶心理是產生疲勞的根源。如果你是一個腦力工作者，最可能的原因是工作中的壓力和緊張情緒使你的效率下降了，而不是工作量大的緣故。每天都有很多瑣事，工作沒有效率，信函也沒有處理，赴約又沒有時間，這一切讓你感到很厭煩。就這樣，你沮喪不已，疲憊不堪，拖着沉重的腳步回家，頭也不爭氣，疼得要命。第二天，你卻把這一切處理得非常好，進展神速、效率驚人。回家後覺得一切如此新鮮。這種經歷你肯定有過，我也是。那麼，我們該從中汲取的教訓是甚麼呢？**工作本身並不會產生疲勞，煩悶情緒才是疲勞的根源。**

寫這一章時，我去看了科恩的喜劇作品《展船》，裏面的安迪船長有這麼一段台詞：「能做我喜愛做的工作，是我一生的好運。」我們對幸福的理解就是，從事自己喜歡的事，自我感覺

崇高，不會產生太多的煩惱和厭倦。

奧克拉荷馬石油公司有位女職員，她做的工作非常枯燥，就是在已經印好的合同書上寫一些數據，然後機械地進行統計。這種工作實在沒有甚麼創造性可言。她要依靠讚譽、感激、晉級、加工資來挽救自己麼？不。為了讓工作有點樂趣，她將工作做了個改變。即使沒有這些獎勵，她也並不感到無聊和煩惱，她要將自己的枯燥工作變得有趣，並且從中享受到真正的快樂、幸福。

這個故事千真萬確，那位女職員後來成為了我的妻子。

下一個是對工作富有熱情的戈爾登小姐。她寫了這麼一個故事：

我們單位有 4 個女性，每人負責處理 4 至 5 人的信件，有時我實在忙不過來，經常被弄得焦頭爛額。一天，副經理拿來一封很長的書信要我重新打印，我拒絕了他，我說不必重打，潤飾一下就好了。他跟我說：「你不想做，還有別的人。」我氣得夠嗆。可當我重新打字時，想到這份工作來得多麼不容易，就非常平靜了。在那一瞬間，我想使自己成為他們當中最出色的女秘書。我要改變心態，這時我發現，要是工作快樂的話，精神上就沒有壓力，心情很舒暢。要是再將工作看成享受，效率就會成倍增長。通過這樣的改變和自己的努力，我得到了上司的青睞。不久，經理讓我做他的秘書，理由十分簡單，吃苦耐勞是人生最大的財富。

戈爾登小姐的成功，符合漢斯‧維亨格教授的哲學，他要求我們能夠在痛苦中尋找快樂，去「想像」工作中的快樂並堅持下去，這樣，你就會對不感興趣的工作產生興趣，甚至愛上它。那麼，你的憂愁和煩悶心理也就消失了。

幾年前，霍華德打算把自己的工作變得更有情趣。他的工作十分單調，當與他同齡的那些男孩不是在打棒球，就是在和女孩子談情說愛時，他卻被命運安排到餐廳裏洗盤子、擦櫃檯、分送雪糕。他瞧不起自己的工作，但是為了生存，不得不幹下去。他試着「誘導」自己的興趣，他對甚麼感興趣呢？他要自己對雪糕的生產過程感興趣。就這樣，不久之後，他成了化學頂尖高手。接下去，他又對營養化學產生了強烈興趣，並樹立理想要主攻食品化學，結果他如願以償，考入了麻省理工學院。紐約的可亞交易所以資助獎學金的方式徵文：怎樣使可可變成最佳巧克力？他就因為這篇命題作文，榮膺金獎。

因為沒有找到合適的工作，他就租了一間地下室當作自己的研究所。不久，新法律的出台馬上帶給他希望，政府文件規定：牛奶公司的產品必須經過細菌數目檢測後才可以上市。他接了牛奶公司很多活，忙不過來時，還聘了兩名幫手。

再過 25 年，現在的年輕人無疑將主導食品營養化學的主要陣地，而老一輩則將變得衰老，然後退休。25 年後，霍華德或許已經成了該領域的導師，他的同學卻可能在領救濟金，或還沉湎在自暴自棄和哀歎懷才不遇的心境裏。

事實上，**每個人若不強迫自己把他認為低賤的工作弄得富**

有情趣，他就不可能有機遇可言。

　　薩姆對生產螺絲也很厭倦，準備辭去這份工作，可當時並沒有適合他的好工作，他只得留下來。既然需要幹自己討厭的工作，能不能把工作變得好玩一點呢？於是，他就和另一位工人在工作上較勁，看誰的速度最快、質量最好。不久，技術精湛的薩姆被調入一個技術含量很高的部門，工資也連升了幾級。30 年過去了，原本厭煩此項工作的他，如今已是一家工廠的董事長兼總經理。當初如果他沒有那種上進心，沒將枯燥的工作變得好玩而積極工作的話，他可能一輩子也只是個普通的工人。

　　考登波恩年輕時法語懂得不多，經過一年的拼搏，他淨賺 5,000 美元，並成為當時法國的推銷之王。後來他自豪地說，他的確認為自己擁有這方面的天賦，這一年的工作，比在哈佛大學進修一年所學到的知識有意義得多。

　　他積累了很多經驗，對法國文化習俗有了進一步的了解，因而後來從事歐洲報道便沒有甚麼奇怪的了。

　　他並不懂法語，但卻在法國從事推銷行業，而且躍居一流推銷員的行列，這是因為——

　　每次去拜訪客戶，我提早把所有法文版的推銷台詞背熟。門鈴一按響，家庭主婦出來開門，我就用我那顯得滑稽的美國口音說法語，重複我的廣告詞，逗得她們哈哈大笑，我便說：「我是美國人、美國人。」我把廣告詞和法文宣傳單遞給

她們，在氣氛漸趨融洽時，我再遞上幻燈片。當然我也不是每次都很有信心，每天出發時，我都要對着鏡子，給自己打打氣。

你想，如果他沒有這麼多幽默滑稽的表演，做任何事都會覺得沒有意思。他的策略就是在自己按下門鈴的那一刻，把自己置身於一個燈光閃耀的舞台上進行表演。由此可見，當你對你的工作投入極大的熱情時，你的回報也就來了，並且非常豐厚。

那些希望獲得成功的美國青年一時間把他當作崇拜的對象，他說：「每天早上第一件事不妨給工作下個賭注，提醒自己半醒狀態的身體，讓自己的每個部位都生機勃勃。提醒自己『就這麼幹，行動起來』！」

就在 1,800 年前，羅馬皇帝馬科斯·奧商列在《馬上沉思錄》(Meditations) 中說：「人生是通過思想來創造的。」這句話成了不朽名言。每天用積極向上的思想鼓勵自己，這看起來有點可笑，但心理學告訴我們，這是健康心理所必需的。

我們如果能夠時常提醒自己，花一些時間思考勇氣、幸福、財富、慾望和安寧，由此激勵自己，這將會讓我們在生活和工作中充滿熱情。

正確的策略，能把你心中的厭倦感降到最低。你的上司肯定希望看到你能很好地接受他給你佈置的任務，還希望看到你出色地完成。而你又何嘗不希望在發薪水的時候再多一點呢！從自己的角度說，不管你的上司怎麼想，你是想在自己的崗位

上謀取更大的利益或者成功，是不是？

正是因為你有這種想法，如果你將大部分精力都花在工作上了，紮紮實實地在工作中做出成績，那麼你還會擔心沒有出路嗎？進一步說，如果你對工作有了更大的熱情，不但會沒有煩惱，還會幹得很出色，且得到不斷晉升，不斷加薪的機會。就算沒有物質上的獎勵，你在工作中也能將煩悶減到最低，那麼你享受到的就是工作的快樂。

卡耐基心得 Dale Carnegie's Tip

我們對幸福的理解就是，從事自己喜歡的事，自我感覺崇高，不會產生太多的煩惱和厭倦。

不再為失眠而憂慮

失眠產生的憂慮，

其殺傷力遠勝於失眠本身。

請盡量放鬆自己的身體，

從頭、眼、脖子到全身，

把緊張和壓力全都拋下，

或許你的失眠症就會消失。

人的一生中，有將近三分之一的時間在睡眠中度過，可任何一個人都不明白睡眠的價值，只知道這是順理成章的事情。我們並不知道，每個人究竟需要多長的睡眠時間。

你會為失眠而憂慮嗎？國際著名律師安特梅爾一生沒有睡過一天好覺。上大學時，他患了哮喘，無法安睡，因為無法醫治，氣喘和失眠簡直要了他的命。因為睡不著，他只能看書，因此成績很出色，享有「天才」的美稱。當了律師後，失眠症狀仍然沒有轉好，他只有不斷激勵自己。因為信念堅強，他的睡眠時間雖然短，但身體卻很強壯，精力比任何律師都充沛，工作量之多幾乎超出常人的承受能力。

雖然年僅 21 歲，他的年薪卻已到了很多同齡人無法企及

的高度——7.5 萬美元。1931 年，他辦了一件案子，這件案子的律師費超過了 100 萬美元。這時的他如日中天，但失眠依然如故：他還在午夜看書讀報，凌晨 5 點時還在寫信。別人才開始工作時，他的工作已完成得差不多了。他一輩子都不知道飽睡的滋味，但他全然沒把這些當回事，要不他早就見上帝去了。眾所周知，他活了很長時間，一直活到 81 歲。

保羅‧凱因是一位匈牙利士兵，在一戰中腦部受傷，傷癒後，他不能入睡，世界上所有的催眠術、鎮靜藥都對他不管用。這是一大奇跡，打破了人們對睡眠的認識。

人們對睡眠需求的程度因人而異，差別很大。交響樂指揮大師托斯卡尼尼每天只需要睡 5 小時，而卡爾文‧柯立芝總統需要的睡眠時間則是這位大師的 2 倍以上，他每天睡 11 個小時。換言之，柯立芝總統的一生有大約一半的時間花在睡覺上，而托斯卡尼尼則只有五分之一的時間在睡夢中度過。

我的一個學生幾乎被失眠折磨得自殺。失眠產生的憂慮，其殺傷力遠勝於失眠本身。這位學生告訴我：

　　原來我睡覺很正常，鬧鐘都沒辦法叫醒我，我因而常常遲到，常挨老闆的罵，他還揚言要開除我。

　　於是，我去請教朋友，他建議我睡前留意鬧鐘的聲音。結果可想而知，那該死的滴答聲纏得我心神不寧，我整夜無法安眠，甚至連入睡都不可能。熬到天亮，我一點兒精神都沒有了，像害了一場大病。失眠後，我到了崩潰的地步，整夜焦躁不安地在房間裏走動，真想從窗戶上跳下去。

　　我去找心理醫生，他說：「我沒法幫你，只有你自己能解決。這麼說吧，假如晚上躺在床上，你就將睡覺這件事情完全忘掉，並對自己說：『睡不著算甚麼？不就是一夜不睡覺嗎？』將眼睛閉上，甚麼都不要想就夠了。」

　　我實驗了兩個多星期，也怪，我逐漸能睡着了。不到一個月時間，我恢復了正常。

　　無法入睡而想自殺並不是失眠導致的，實際上是它的副產品——憂慮導致的。

　　克萊德曼教授是芝加哥大學著名的失眠研究權威，他說：「失眠並不會置人於死地，而且隨之而來的生理傷害要比無端的心理壓力小得多，心理壓力才是損壞健康的最大敵人。」

　　他還說：「失眠並不是完全不能入睡，甚至人已進入了睡眠狀態而他根本不明白，可能他在不自知的情況下已熟睡了幾個時辰。」斯賓塞是 19 世紀傑出的思想家，他厭惡吵鬧的環境，為了及早進入睡眠狀態，他戴上了耳塞，甚至吸食鴉片。一次，他和朋友休斯同寢，第二天早上，斯賓塞鬱悶地告訴休斯他一夜未眠。實際上，真正沒有入睡的是休斯博士，因為斯賓塞雷一般的鼾聲鬧得他沒辦法入睡。

　　情緒安寧是酣睡的首要條件。精神病學權威海斯魯普教授說：「祈禱，從一個醫生的角度來說，是我們獲得平靜的最好辦法。」

　　「主是我的牧人，他讓我脫離困境，並讓我躺在青草地上，

引領我到溪水旁……」麥克唐納女士對我說，心裏很煩或因精神緊張無法入睡時，她就不斷朗誦這首讚美詩，以獲得心靈的平靜。

假如你不相信祈禱對於你有用，那麼，請盡量放鬆自己的身體，從頭、眼、脖子到全身，把緊張和壓力全都拋下，或許你的失眠症就消失了。

另外，游泳、種花、滑冰等體力運動會促使新陳代謝加快，也是一種根治失眠的好辦法。

人在真正疲勞時，就是站着也能睡着。13 歲那年，我同父親一起趕往集市去賣豬，因為沒有趕上車，我們只好走路。一路上的美景數不勝數，我很高興，可路程實在太遠，我筋疲力盡地睡着了。那情景至今仍浮現在我的眼前：父親牽着我一步一步地走，我腦中一片迷糊，對周圍的一切都不感興趣，我幾乎是邊走邊睡到集市的。

真正疲倦時，即使是在戰場上也會入睡。哪怕有人扒開你的眼睛，你也會繼續睡，只是瞳孔會向上翻。福斯特‧甘乃迪博士說：「只要無法安睡時，我就將眼球向上翻，並來回地轉動，這非常有用，會讓我的睡意立刻就來。」

現在應該沒有因睡不着而要自殺的人了吧，以後也不會有這麼蠢的人了吧。

說到自殺，我想起林克博士在《人的再發現》(The Rediscovery of Man) 一書中的〈如何克服恐懼和憂愁〉裏，提到與一個想自殺的人的談話。

　　林克也明白，勸導是沒有作用的，而且還會使事情變得更糟糕。他對那個人說：「你真想自殺的話，就勇敢地去吧！我不會阻攔你，不過我建議你先跑步，把體力耗盡後累死在地上，這不是很完美嗎？」

　　那個想自殺的人採納了這個辦法，他跑了一次、二次、三次……每運動一次，他的心就舒暢一些，到第三天晚上，他已經鼾聲如雷地睡着了。從這以後，這位病人加入了體育競技俱樂部，與大家一起鍛煉，身體也漸漸恢復健康，繼續好好地活了下來。

　　為了不染上失眠症，按照以下五種方法去做可能非常有效：

1、不能入睡時，不要逼自己，不妨起來幹點別的。

2、失眠不會致死，導致體質下降的罪魁禍首是因失眠而產生的精神壓力，以及緊張的情緒。

3、多唱些讚美詩或做祈禱。

4、經常鍛煉身體，放鬆心態。

5、消耗體能，超常的運動能把人帶入睡眠。

卡耐基心得 Dale Carnegie's Tip

情緒安寧是酣睡的首要條件。

《人性的優點》筆記欄

重要詞彙	筆記欄

總結

人性的優點

How to stop worrying and start living

戴爾·卡耐基
Dale Carnegie

王媛媛　包芬芬 / 譯

責任編輯　陳珈悠

裝幀設計　Sands Design Workshop

排　　版　陳美連

印　　務　劉漢舉

出　　版　非凡出版
　　　　　香港北角英皇道 499 號北角工業大廈 1 樓 B
　　　　　電話：(852) 2137 2338　傳真：(852) 2713 8202
　　　　　電子郵件：info@chunghwabook.com.hk
　　　　　網址：http://www.chunghwabook.com.hk

發　　行　香港聯合書刊物流有限公司
　　　　　香港新界荃灣德士古道 220-248 號
　　　　　荃灣工業中心 16 樓
　　　　　電話：(852) 2150 2100　傳真：(852) 2407 3062
　　　　　電子郵件：info@suplogistics.com.hk

印　　刷　美雅印刷製本有限公司
　　　　　九龍觀塘榮業街 6 號海濱工業大廈 4 樓 A

版　　次　2024 年 6 月初版
　　　　　©2024 非凡出版

規　　格　32 開（208mm x 142mm）

I S B N　978-988-8861-77-4